Los Fundamentos de Agile Scrum

Other publications by Van Haren Publishing

Van Haren Publishing (VHP) specializes in titles on Best Practices, methods and standards within four domains:
- IT and IT Management
- Architecture (Enterprise and IT)
- Business Management and
- Project Management

Van Haren Publishing is also publishing on behalf of leading organizations and companies: ASLBiSL Foundation, BRMI, CA, Centre Henri Tudor, Gaming Works, IACCM, IAOP, IFDC, Innovation Value Institute, IPMA-NL, ITSqc, NAF, KNVI, PMI-NL, PON, The Open Group, The SOX Institute.

Topics are (per domain):

IT and IT Management	Enterprise Architecture	Project Management
ABC of ICT	ArchiMate®	A4-Projectmanagement
ASL®	GEA®	DSDM/Atern
CATS CM®	Novius Architectuur	ICB / NCB
CMMI®	Methode	ISO 21500
COBIT®	TOGAF®	MINCE®
e-CF		M_o_R®
ISO/IEC 20000	**Business Management**	MSP®
ISO/IEC 27001/27002	BABOK® Guide	P3O®
ISPL	BiSL® and BiSL® Next	PMBOK® Guide
IT4IT®	BRMBOK™	Praxis®
IT-CMF™	BTF	PRINCE2®
IT Service CMM	EFQM	
ITIL®	eSCM	
MOF	IACCM	
MSF	ISA-95	
SABSA	ISO 9000/9001	
SAF	OPBOK	
SIAM™	SixSigma	
TRIM	SOX	
VeriSM™	SqEME®	

For the latest information on VHP publications, visit our website: www.vanharen.net.

Los Fundamentos de Agile Scrum

Nader K. Rad

Frank Turley

Colofón

Título: Los Fundamentos de Agile Scrum
Autor: Nader K. Rad y Frank Turley
Editorial: Van Haren Publishing, 's-Hertogenbosch
ISBN Copia impresa: 9789401805346
Edición: Primera impresión, primera edición, 1 de octubre de 2019
Diseño: Van Haren Publishing, 's-Hertogenbosch
Derechos de autor: © Van Haren Publishing 2019
                      Para más información sobre Van Haren Publishing, pueden
                      contactar por correo electrónico a: info@vanharen.net o
                      visitar nuestra web: www.vanharen.net

Contenido

Nota sobre los Autores

Nader K. Rad es escritor, conferenciante y asesor de Gestión de Proyectos en Management Plaza. Su carrera comenzó en 1997 y ha estado involucrado en multitud de proyectos de distintas industrias. Ha diseñado varios cursos de gestión de proyectos, preparado diversos cursos de formación online y escrito más de 40 libros.

Más info sobre el autor: http://nader.pm
Página web del autor: https://mplaza.pm
Perfil LinkedIn del Autor: be.linkedin.com/in/naderkrad

Frank Turley ha sido Project manager durante más de 15 años. Es PRINCE2®Practitioner, Scrum Master y formador y coach de gestión de proyectos y PRINCE2. Ha escrito varios libros relacionados con PRINCE2® y gestión de proyectos y se le conoce en el mundo de PRINCE2 por la creación del material más popular de formación para autoaprendizaje de PRINCE2.

Más info sobre el autor: https://mplaza.pm/frank-turley/
Página web del autor: https://mplaza.pm
Perfil LinkedIn del Autor: http://linkedin.com/in/frankturley

1. EL CONCEPTO AGILE

Si su objetivo es aprender algo que le pueda beneficiar en sus proyectos, debe reflexionar sobre dos temas que a menudo se malinterpretan:

1. Puede que a menudo escuche la frase, "Agile es una forma de pensar". La verdad es que Agile requiere una determinada forma de pensar, como todo, pero no es correcto decir que es una forma de pensar. Decir "Agile es una forma de pensar", en la práctica, solo lleva a una cosa: poder trabajar como uno quiera, llamándolo Agile, sin aceptar críticas ni buscar mejoras reales.

2. Si tiene el más mínimo conocimiento de cómo funcionan los sistemas autoritarios, sabrá que siempre tiene que haber un *enemigo*. Este concepto cubre los agujeros que pueda tener su sistema y ayuda a controlar a las masas. Muchos profesionales de Agile usan la palabra "cascada" para referirse al enemigo; y mientras que el concepto "cascada" no se acaba de definir del todo, se insinúa que son los sistemas de gestión de proyectos ya establecidos y conocidos. Si su objetivo es tener éxito en proyectos, no necesita crear la ilusión de un enemigo externo. Y recuerde que todo sistema de éxito se construye sobre sistemas existentes, sin tener que empezar de cero. Y aunque la crítica es absolutamente necesaria, debe hacerse desde el respeto y el conocimiento.

Así pues, hablemos de la verdadera naturaleza de Agile.

■ METODOLOGÍA DE ENTREGA DE PROYECTO Y CICLO DE VIDA

Cuando se desarrolla software, de una manera u otra, se realizan los siguientes pasos, bien para funcionalidades individuales o para la solución completa:

- Analizar
- Diseñar
- Desarrollar
- Integrar
- Prueba (Test)

Por supuesto, se puede usar otra terminología para esos pasos, o agruparlos en menos pasos, o dividirlos en más; está bien. Estos pasos los podemos llamar *procesos de entrega*.

Ahora, la pregunta es, ¿Cómo vamos a gestionar y realizar estos procesos? Piense en algunas opciones antes de leer el resto de este capítulo.

¿En cuántas opciones ha pensado?

Puede que tenga muchas opciones en mente, pero todas deben pertenecer a una de las dos formas genéricas que hay. A propósito, estas opciones las podemos llamar el *ciclo de vida del desarrollo*.

Un ciclo de vida genérico es algo así:

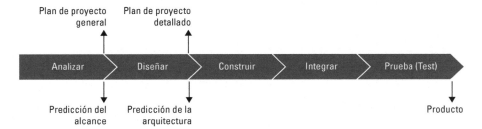

En este ciclo de vida, cada proceso se debe completar antes de proceder al siguiente; es decir, analizamos por completo el requisito y decidimos qué queremos que contenga la solución. Entonces, diseñamos la arquitectura de la solución y averiguamos la mejor manera de dar forma a las características. Entonces, los programadores empiezan a trabajar en las distintas unidades y después las unidades se integran en una solución. Y esa solución se prueba.

Es obvio que los pasos se pueden solapar; por ejemplo, no es necesario esperar a que todas las unidades estén completas antes de integrarlas y probarlas. Su ciclo de vida puede tener el siguiente aspecto:

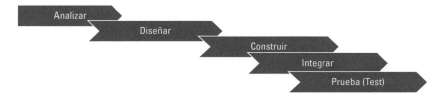

En esencia, no es distinto del ciclo de vida anterior; seguimos teniendo una secuencia de procesos de desarrollo como motor principal del ciclo de vida.

Como podrá observar, este tipo de ciclo de vida se basa en un esfuerzo inicial por entender qué es lo que vamos a producir. Tenemos una especificación por adelantado, un diseño por adelantado y, por consiguiente, un plan por adelantado. Por eso, a veces se le llama un desarrollo *dirigido por el plan*. También intentamos predecir qué es lo que queremos y cómo se puede producir, y por eso también se le suele llamar *predictivo*.

Un Ciclo de vida Predictivo es la manera habitual y apropiada de desarrollar muchos proyectos, como por ejemplo un proyecto de construcción. En primer lugar, se planifica y diseña, y luego se sigue ese plan y diseño. Sin embargo, esto no es cómodo para algunos tipos de proyectos.

Piense en el típico proyecto de desarrollo de TI. Puede dedicarle mucho tiempo a la especificación y análisis de los requisitos, y basarlo todo en eso. ¿Qué ocurre después? ¡Que el cliente no estará contento cuando vea el resultado! Pedirá cambios, y los cambios son caros en este ciclo de vida porque es posible que haya que revisar todo el trabajo anterior.

Como se suele decir en este sector, el cliente no sabe lo que quiere hasta que ve el producto. ¿Cuándo ven el producto? Hacia el final del proyecto. En ese punto, el coste de cambiar es máximo.

Para superar este problema, podemos renunciar a la comodidad y a la estructura de un ciclo de vida predictivo y usar uno que cree el producto de forma *incremental*, es decir en múltiples versiones, cada vez con más características. Este es un lujo que tenemos en los proyectos de desarrollo de TI que no puede tener todo el mundo: múltiples versiones de software funcional, cada vez con más características. Piense en un proyecto de construcción, no hay incrementos significativos y el producto no se puede utilizar hasta el final.

Para ser justos, esta desventaja de un proyecto de construcción se compensa con el hecho de que si se tiene que empezar un proyecto para construir un hospital, el resultado final será un hospital, con independencia de la cantidad de cambios que haga, y no, por ejemplo, ¡un parque de atracciones! Sin embargo, en desarrollo de TI, se puede empezar un proyecto para crear algo parecido a un hospital y acabar con algo parecido a un parque de atracciones.

Por lo tanto, en los proyectos de desarrollo de TI, podemos tener entregas incrementales: aprovechemos esta oportunidad mediante un ciclo de vida como el siguiente:

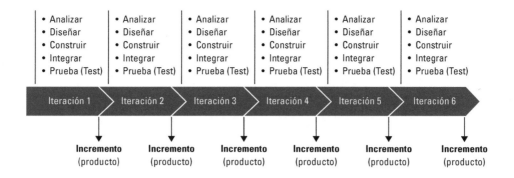

No hay una predicción real en este ciclo de vida. En vez de predecir el producto y depender de esa predicción, tenemos pequeños periodos de tiempo durante los cuales creamos incrementos del producto. Mostraremos ese incremento (la última versión del producto) al cliente y a los usuarios finales, recibiremos su feedback (sus comentarios al respecto), y decidiremos qué hacer en el siguiente periodo de tiempo. Así que, en vez de basarnos en la predicción, seguimos con el proyecto y nos *adaptamos* al feedback. ¿Cómo queréis llamar a este ciclo de vida? "Adaptativo" es un buen nombre: ciclo de vida adaptativo.

Para crear cada incremento, necesitamos ejecutar todos los procesos de desarrollo durante ese periodo de tiempo. En el siguiente periodo, repetiremos los procesos: *iteramos*. Por eso, este método de desarrollo se llama a veces *desarrollo iterativo*. Los periodos de tiempo durante los cuales iteramos, se pueden llamar iteraciones. No es el único nombre que se utiliza para ello. Puede que ya conozca por lo menos un nombre más para las iteraciones. Volveremos pronto a este tema.

■ CICLOS DE VIDA PREDICTIVOS VS ADAPTATIVOS

Tanto el ciclo de vida adaptativo como el predictivo, tienen ventajas y desventajas. Que la selección del ciclo sea la correcta depende de muchos factores, pero el más importante es el tipo de producto.

Se pueden hacer dos preguntas esenciales antes de decidir el tipo de ciclo de vida que necesita para su proyecto:

1. ¿Necesito poder adaptarme? Porque si no, un ciclo de vida predictivo es…. ¡Pues más predecible! Es más fácil y está más estructurado. Se necesita un sistema adaptativo cuando existe el riesgo de empezar con la idea de crear un hospital y acabar con un parque de atracciones.

2. ¿Puedo adaptarme? Esta pregunta es todavía más importante. Para ser adaptativo, se debe tener la posibilidad de desarrollar de forma *iterativa* y de entregar de forma *incremental*. Pensemos de nuevo en un proyecto de construcción: ¿puede construir el edificio de forma iterativa? ¿Puede diseñar la

base sin diseñar el resto del edificio que determinará la carga que debe soportar la base? ¡La respuesta es sencillamente NO! No es posible usar el desarrollo iterativo en un proyecto de construcción. Y la entrega de forma incremental tampoco es posible, como ya hemos visto. Así que no podemos usar un ciclo de vida adaptativo para construir un edificio (no nos confundamos con el diseño interior y la decoración, o incluso unas reformas, para las cuales sí es posible que podamos usar un sistema adaptativo).

Lo que quiero transmitir es que Predictivo vs Adaptativo no es una cuestión que una cosa es buena y la otra mala.

Como pequeño ejercicio, piense en un proyecto de TI para actualizar los sistemas operativos de 300 ordenadores de una organización o en un proyecto de TI para crear una infraestructura de red para una organización enorme con seis oficinas. En su opinión, ¿qué ciclo de vida de desarrollo es mejor para estos dos proyectos?

■ AGILE VS MÉTODO EN CASCADA (WATERFALL)

"Agile" es el nombre más común para los sistemas que utilizan los ciclos de vida Adaptativos. Así es como se puede definir de verdad "Agile", en vez de decir "¡Agile es una mentalidad!"

Los "fans" de Agile utilizan el término Cascada para referirse a los Ciclos de vida Predictivos. La palabra Cascada se utiliza a menudo para referirse a los Ciclos de vida Predictivos usados en proyectos de TI; no se oye a nadie decir "Este edificio se construyó usando el método en Cascada".

Para asegurarse de que conoce a fondo la terminología, debe ser consciente de que decir método en Cascada es prácticamente una grosería hoy en día, y ¡tiene derecho a enfadarse y a ofenderse si alguien le dice que está usando el método en Cascada! Por eso sugiero que usemos el concepto más formal en este libro: Ciclo de vida Predictivo.

■ ¿ES NUEVO AGILE?

Normalmente, Agile se anuncia como la novedad. Ciertamente, el uso del concepto Agile refiriéndose a los Ciclos de vida Adaptativos es nuevo, pero ¿el ciclo de vida en sí lo es?

No sé a los demás pero a mí me cuesta imaginar la larga historia del ser humano con tantos proyectos y programas que se habrá realizado sin que hubiera ningún tipo de ciclo de vida adaptativo. ¿Se le ocurre algún ejemplo?

Le propongo uno. Piense en una iniciativa (programa o proyecto) muy popular en los viejos tiempos: el ir a la guerra. ¿Se puede gestionar una guerra con un enfoque Predictivo? ¿Planifican y diseñan todo desde el comienzo? Desde luego que no. Puede que haya un plan inicial general que se parezca más a una estrategia que a un plan, y que se gestione la guerra de batalla (es decir, iteración) en batalla (o con varias a la vez), y en función del resultado de cada batalla, se adapta el resto de la iniciativa.

No es un ejemplo agradable pero es un ejemplo claro de que los Ciclos de vida Adaptativos no pueden ser nuevos.

Entonces, ¿cuál es la novedad?

En un momento dado, el enfoque de gestión conocido como el científico y el Taylorismo se convirtieron en la norma, tanto es así que cualquier otro enfoque se percibía como inferior e incluso equivocado. El Taylorismo se basaba plenamente en sistemas Predictivos. Por lo tanto, los sistemas Predictivos dominaban el mundo, por así decirlo.

Después, llegamos a un momento en el que se iniciaban más y más proyectos de desarrollo de TI y los Ciclos de vida Predictivos no eran la mejor manera de gestionar aquellos proyectos. Las personas intentaron aguantar, mientras que aumentaba la presión hasta que hubo manifestaciones y, finalmente, ¡la revolución! Como cualquier otra revolución, devoró a sus retoños pero ese es un tema para otro momento.

■ EL MANIFIESTO AGILE

Algunas personas comenzaron a usar sistemas Adaptativos para el desarrollo de TI y, poco a poco, los fueron organizando en procesos de gestión que se podían repetir. Un grupo de pioneros se juntó en el 2001 para formalizarlos, dándoles nombre y creando un manifiesto.

Empecemos por el nombre. La leyenda dice que las dos opciones al final era Agile (Ágil) y Adaptive (Adaptativo).

Lamentablemente, se quedaron con Agile. Adaptive habría sido mucho mejor porque describe la naturaleza del enfoque y evita muchos malentendidos.

Así pues, a continuación le mostramos el Manifiesto Agile. Está disponible en la página web AgileManifesto.org, muy moderna y avanzada.

Estamos descubriendo formas mejores de desarrollar software tanto por nuestra propia experiencia como ayudando a terceros. A través de este trabajo hemos aprendido a valorar:

Individuos e interacciones	sobre	procesos y herramientas
Software funcionando	sobre	documentación extensiva
Colaboración con el cliente	sobre	negociación contractual
Respuesta ante el cambio	sobre	seguir un plan

Esto es, aunque valoramos los elementos de la derecha, valoramos más los de la izquierda.

Kent Beck	Ward Cunningham	Andrew Hunt	Robert C. Martin	Dave Thomas
Mike Beedle	Martin Fowler	Ron Jeffries	Steve Mellor	
Arie van Bennekum	James Grenning	Jon Kern	Ken Schwaber	
Alistair Cockburn	Jim Highsmith	Brian Marick	Jeff Sutherland	

Lamentablemente, este manifiesto en sí no ha sido adaptado en lo que tiene de vida.

La última frase normalmente se pasa por alto. Le invito a que lea de nuevo el manifiesto teniendo en cuenta la última frase.

Así pues, revisemos estas cuatro declaraciones.

Valor 1: Individuos e interacciones sobre procesos y herramientas

Restarle importancia a los individuos y a las interacciones es una manera muy rápida de fracasar. Al fin y al cabo, son las personas las que realizan el proyecto. Algunos miembros de dirección piensan que pueden superar problemas en este ámbito usando un "sistema" más sofisticado pero eso no funciona casi nunca, o nunca.

Muchos nos hemos visto decepcionados por el optimismo ingenuo de pensar que, al implementar una herramienta sofisticada, se iban a solucionar problemas causados por no tener en cuenta el aspecto humano, o incluso sus métodos. Aun así, los responsables se gastan cantidades enormes de dinero implementando y manteniendo herramientas, con la esperanza de que sean mágicas. El hecho es que las herramientas solo pueden facilitar un sistema; no sustituyen la necesidad de tener un sistema en sí. El lado positivo es que estas herramientas son programas de software sofisticados que necesitan años de desarrollo y mantenimiento y crean muchos proyectos y empleos, y ¡nos ofrecen la posibilidad de invertir en pensar en cómo mejorar nuestra forma de realizar proyectos de TI!

La parte sobre procesos en esta declaración es un poco delicada. En realidad, habla de un tipo concreto de proceso, no de los procesos en general. Trata de aquellos procesos que han sido diseñados para sustituir la necesidad de la interacción humana y sus complejidades. Personalmente, conozco directores que creen que si tienen un mejor proceso, no tendrán que contratar a expertos profesionales. Mientras tanto, uno de los aspectos geniales de los sistemas Agile es que TODOS tienen integrados el aspecto humano en sus procesos, en vez de meterlo a la fuerza o incluso limitarse a comentar la importancia de la faceta humana, lo cual ocurre, lamentablemente, con los sistemas de gestión de proyectos ya establecidos.

Por lo tanto, para resumir, los procesos que intentan ignorar o reemplazar el aspecto humano son malos, y los procesos que incluyen estos aspectos y los integran como parte del sistema son buenos.

Valor 2: Software funcionando sobre documentación extensiva

Al contrario de la declaración anterior, que es correcta para todo tipo de proyectos, esta es específica a los sistemas Adaptativos. Se refiere al hecho de que, en vez de utilizar documentación por adelantado para predecir lo que tiene que ocurrir en un proyecto, simplemente, trabajamos sobre partes de software operativos (incrementos) y los utilizamos para adaptar la solución.

Valor 3: Colaboración con el cliente sobre negociación contractual

Cualquier proyecto tendría más éxito si tuviera un nivel de colaboración más alto del cliente. En los sistemas Adaptativos, es más que importante: es necesario. El cliente tiene que colaborar con nosotros todo el tiempo ya que estamos constantemente especificando nuevos requisitos y requiriéndole que compruebe los incrementos y que nos dé feedback. Si no lo hace, no podremos adaptar la solución.

Y a todos nos encanta la negociación contractual ☺ Un proyecto Agile ideal, con un contrato de tiempo y material y un cliente que no cree que los proveedores son delincuentes, no necesita mucha negociación contractual. Las dos partes trabajan conjuntamente para crear un producto de valor. Sin embargo, el ideal es tan solo el ideal, y los clientes siguen buscando contratos que delimitan el ámbito y el precio, que suponen una contradicción fundamental con los métodos Adaptativos, lo cual es una fuente de negociaciones interminables de contrato similares a las de los proyectos Predictivos.

Valor 4: Respuesta ante el cambio sobre seguir un plan

Esta declaración, como la segunda declaración, es específica a los sistemas Adaptativos. En vez de tener un plan por adelantado, Predictivo, que nos muestra el camino, dependemos de la adaptación. A esto último, se le suele llamar "cambio" en Agile, probablemente porque hace feliz a los clientes saber que pueden cambiarlo todo, aunque de hecho, no es un cambio salvo que no cuadre con el plan de base inicial que no tenemos en los sistemas Adaptativos. Técnicamente, lo que tenemos es un flujo continuo de ideas nuevas. Sin embargo, continuemos llamándolos cambios, por el bien de todos los clientes.

■ Muy probablemente haya preguntas sobre el Manifiesto Agile en el examen. No es mala idea revisarlo varias veces y poder incluso memorizar las cuatro declaraciones.

■ LOS PRINCIPIOS AGILE

El Manifiesto Agile es felizmente breve. Sin embargo, los autores consideraron que sería buena idea elaborar un poco la recién nombrada idea de Agile, así que crearon estos doce principios:

Principio 1: Nuestra mayor prioridad es satisfacer al cliente mediante la entrega temprana y continua de software con valor.

Al fin y al cabo, esto es un negocio y necesitamos que los clientes estén felices. Eso está claro. Pues, hoy en día, se dice que la satisfacción del usuario final es la medida definitiva porque eso le generará beneficios al cliente y, tarde o temprano, satisfará al cliente de una forma sostenible. ¿Es demasiado idealista?

Entonces, ¿cómo les satisfacemos? Por el software que creamos, que tiene el potencial de generarle valor (por ejemplo, dinero). Cuando hacemos entregas de forma anticipada y continua, generaremos valor antes, y además nos da la oportunidad de adaptar la solución y crear algo que el mercado quiere realmente y por lo que pagará, en vez de crear algo que nosotros esperamos que quiera.

Principio 2:   Aceptamos que los requisitos cambien, incluso en etapas tardías del desarrollo. Los procesos Ágiles aprovechan el cambio para proporcionar ventaja competitiva al cliente.

Hagamos un poco más de marketing acerca de la palabra "cambio" que tanto les encanta a los clientes ☺

Principio 3:   Entregamos software funcional frecuentemente, entre dos semanas y dos meses, con preferencia al periodo de tiempo más corto posible.

¿Recuerda las iteraciones de las que hablamos – esos periodos de tiempo en los que iteramos (repetimos los procesos de desarrollo) para crear un incremento del producto? Este principio dice que no deben durar más que un par de meses. En Scrum, el plazo máximo es de un mes. Hablaremos mucho sobre ello de aquí al final del libro.

¿Ve también la sugerencia de un par de semanas? Muchos se reían en aquella época – la idea de tener un incremento nuevo en tan solo un par de semanas. Sin embargo, ahora tenemos proyectos con iteraciones incluso más cortas.

Principio 4:   Los responsables de negocio y los desarrolladores trabajamos juntos de forma cotidiana durante todo el proyecto.

Esto va en contra de la idea de separar a los responsables de negocios (clientes u otros) de los técnicos, lo cual sigue siendo un problema en proyectos hoy en día. A veces, se consideran el enemigo el uno al otro, lo cual no es beneficioso para un proyecto.

Además, no podemos realizar adaptaciones si los responsables del negocio no están disponibles en todo momento. Piense en el análisis continuo de las nuevas características y en las pruebas de las unidades completadas. Además, ¡siempre será más divertido, cuántas más personas celebren el haber completado otra iteración!

Principio 5:   Los proyectos se desarrollan en torno a individuos motivados. Hay que darles el entorno y el apoyo que necesitan, y confiarles la ejecución del trabajo.

Pronto, hablaremos de más aspectos de los sistemas Adaptativos. Uno de ellos es que necesitamos tener a personas empoderadas a nivel de proyecto; no solo porque es bueno, sino porque el ciclo de vida Adaptativo lo requiere. Quizá pueda preguntarse el porqué de esta afirmación, hasta que lo volvamos a comentar en las siguientes secciones.

Principio 6:   El método más eficiente y efectivo de comunicar información al equipo de desarrollo y entre sus miembros es la conversación cara a cara.

¡En vez de los correos electrónicos! Tome nota que, históricamente, este principio siempre ha sido el más popular a la hora de hacer el examen.

Volveré a este tema en un capítulo aparte cuando hablemos de *Comunicación osmótica.*

Principio 7:   El software funcionando es la medida principal de progreso.

La mayoría de los proyectos miden conceptos equivocados. Es un problema de base porque lo que se mide es lo que se obtiene. Si mide cuántas líneas de codificación se producen, sólo obtendrá más líneas de codificación. Si mide la ocupación de los desarrolladores, obtendrá desarrolladores más ocupados. Si mide velocidad (una medida habitual en Agile sobre la velocidad de desarrollo que comentaremos más adelante), obtendrá mayor velocidad (pero no es el objetivo).

Principio 8:   Los procesos Ágiles promueven el desarrollo sostenible. Los promotores, desarrolladores y usuarios debemos ser capaces de mantener un ritmo constante de forma indefinida.

Nada de horas extras adicionales antes de las entregas. Se trata de maximizar el valor a largo plazo. No se trata de ganancias a corto plazo que puedan llevar a disminuir la productividad y la calidad.

Principio 9:   La atención continua a la excelencia técnica y al buen diseño mejora la Agilidad.

Existe el riesgo de tener un diseño de mala calidad en los sistemas Adaptativos porque se diseña sobre la marcha en vez de por adelantado. Existen ciertas prácticas para poder superar este problema.

Principio 10: La simplicidad, o el arte de maximizar la cantidad de trabajo no realizado, es esencial.

Es una forma muy complicada de decir algo muy sencillo: tener más características no siempre es bueno.

Es bueno simplificar la solución y tener solo las funcionalidades que son realmente útiles porque ahorra tiempo y dinero (que se pueden utilizar para otros proyectos) y reduce el coste de mantenimiento.

Principio 11: Las mejores arquitecturas, requisitos y diseños emergen de equipos auto-organizados.

La auto-organización significa tener a personas empoderadas en el proyecto que se involucran en las decisiones y normalmente, es buena idea hacerlo.

Principio 12: A intervalos regulares el equipo reflexiona sobre cómo ser más efectivo para a continuación ajustar y perfeccionar su comportamiento en consecuencia.

Debe aceptar que su forma de trabajar no es perfecta, y siempre puede mejorarla en pequeños pasos. Pero no se fije en la forma en la que se han mejorado el Manifiesto y los Principios: Haga lo que dicen en el Manifiesto, no lo que hacen ☺

■ Ya hemos acabado de revisar los Principios de Agile. No olvide que son temas muy comunes en el examen.

■ CONSIDERACIONES PRÁCTICAS DE LOS CICLOS DE VIDA ADAPTATIVOS

¿Recuerda cómo funcionan los Ciclos de vida Adaptativos? Aquí tiene de nuevo la imagen, así le damos un poco más de volumen al libro:

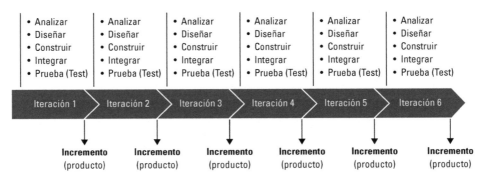

Tenemos que hablar de varias cosas. En primer lugar, para cada iteración, elegimos un número de características o funcionalidades y nuestro objetivo es crear un software operativo (incremento) para el final de la iteración que, esperamos, contenga todas las características. Ahora, en tu opinión, ¿debería de ser una iteración con un alcance predeterminado o de una duración predeterminada?

Por cierto, uso la palabra "característica" de forma aproximada en este caso.

Iteraciones de Alcance predeterminado vs Iteraciones de Duración predeterminada

En teoría, pueden funcionar las dos pero, en la práctica, las iteraciones de una duración predeterminada son significativamente superiores porque si fijas el alcance de la iteración, entonces:

- Normalmente, se necesitará más tiempo para acabar todo lo incluido, lo cual reduce la cantidad de feedback y por lo tanto, las oportunidades para adaptar.
- Puede que se pase demasiado tiempo en cada característica y se incluya demasiados adornos. Tener una duración predeterminada hace que nos centremos continuamente en lo prioritario.

Esta es la razón por la que casi todos los métodos Agile tienen iteraciones de duración predeterminada y se insiste en respetar estos *timeboxes*. Un timebox es un periodo de tiempo de una duración máxima (o predeterminada) y no se amplía bajo ninguna circunstancia (si se amplía una vez, se hará continuamente).

Duración de las Iteraciones

Ahora que hemos establecido que las iteraciones deben de ser limitadas en el tiempo (timeboxed) ¿cuánto deben durar? Se mencionó en los Principios Agile, ¿lo recuerda?

Si se basa en los Principios Agile, el máximo son dos meses. En Scrum, el máximo es un mes.

Este tiempo es suficiente para desarrollar algunas funcionalidades y mostrárselas al cliente y al usuario final para generar feedback. No queremos que sea demasiado tiempo porque, en ese caso, no obtendremos feedback suficiente.

¿Iteraciones de una duración fija o de distintas duraciones?

En su opinión, ¿es mejor que las iteraciones tengan la misma duración o mantenerlas flexibles?

Mantener la misma duración es más disciplinado, y normalmente, no hace falta ir decidiendo duraciones nuevas.

Scrum requiere que tengan la misma duración. Sin embargo, esto está sujeto a adaptación. Esto significa que puede empezar su proyecto con Sprints de dos semanas (sí, las iteraciones en Scrum se llaman Sprint) y, después de un tiempo, cuando se da cuenta de que no es suficiente para crear las funcionalidades, puede decidir hacerlos de tres semanas. Está bien. Lo que no está bien en Scrum es reunirse antes de cada Sprint y decir "Venga, ¿cuánto queremos que dure el Sprint esta vez?"

No todos los métodos son iguales. En DSDM, que es otra metodología Agile, se planifica la duración de los time boxes (sí, las iteraciones en DSDM se llaman timeboxes) cuando se planifica el ámbito de trabajo.

¿Qué ocurre si no se acaban algunas funcionalidades?

Por lo tanto, elegimos un número de características o funcionalidades para la iteración de una duración limitada (time box). ¿Qué ocurre si no podemos acabar todo para cuando se acaba la iteración?

No pasa absolutamente nada porque nuestro objetivo principal es crear un incremento de software que pueda generarnos feedback para luego adaptarlo y, más tarde, generar el máximo valor cuando pase a producción. Nuestro objetivo NO es desarrollar el mayor número de funcionalidades posible.

Tres de los Principios Agile apoyan esta afirmación; ¿sabría decir cuáles?

Respuesta: 1, 7, 10

¿Qué ocurre dentro de las iteraciones?

En su opinión, ¿cómo se deben llevar a cabo los procesos de desarrollo dentro de cada iteración?

Se puede hacer de dos maneras:

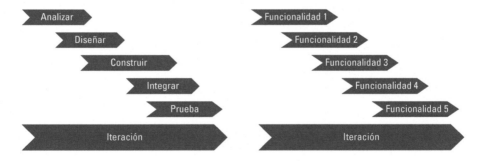

El de la izquierda pasa por cada proceso de desarrollo y lo realiza para cada una de las funcionalidades que pertenece a esa iteración. Quizá podríamos llamarlo mini- Cascada.

El de la derecha pasa por todas las funcionalidades, bien de una en una o bien por varias a la vez, y realiza cada proceso de desarrollo para cada una de ellas. Esta opción es mejor. ¿Sabe por qué?

Una de las razones es porque hemos decidido usar iteraciones de time box, por lo que siempre existe la posibilidad de que no podamos acabarlo todo. Con el enfoque mini- Cascada, no se podrá tener ninguna funcionalidad nueva completada del todo y, por lo tanto, no se podrá generar feedback, mientras que, con el otro enfoque, siempre tendrá algunas funcionalidades para mostrarle a sus clientes y para poder adaptar para la siguiente iteración.

Empoderamiento

Determinadas decisiones las toman los altos directivos y algunas, el equipo de proyectos. La proporción de unas y otras viene dictada en parte por el enfoque del desarrollo.

¿Cuándo es necesario tomar la mayoría de las decisiones no-técnicas?

Es principalmente durante el análisis, cuando intentamos averiguar qué funcionalidades se necesitan, y durante las pruebas finales, cuando comprobamos la aceptación de las funcionalidades. Ahora, compare cómo se distribuyen estos dos procesos en los dos enfoques, Predictivo y Adaptativo. ¿Quiere que vuelva a pegar las imágenes aquí o girará las páginas para comprobarlas al principio del capítulo? ☺

Estos puntos de decisión se concentran al principio y al final del Ciclo de vida Predictivo, por lo que nos podemos permitir elevar la mayoría de las decisiones a dirección. Pero ¿en el caso de los sistemas Adaptativos? En ese caso, los puntos de decisión se reparten a lo largo del ciclo de vida casi a diario. Por lo tanto, si queremos seguir elevando la toma de decisiones, nunca se podrá acabar el proyecto.

Por este motivo, el Ciclo de vida Adaptativo requiere miembros del equipo empoderados para poder tomar la mayoría de las decisiones ellos mismos sin necesidad de elevarlas a dirección.

Este concepto también se conoce como *auto-organización*.

■ ¿ES SÓLO PARA PROYECTOS DE TI?

Como se habrá fijado, doy por hecho que todos los proyectos Agile son de desarrollos de TI. También habrá observado que el Manifiesto Agile y los Principios Agile hablan de software. Por lo tanto, la pregunta es ¿los métodos Agile se limitan a proyectos de desarrollo de TI?

Me gustaría responder lo siguiente:

- Yo, puede que equivocadamente, creo que Agile no se puede aplicar a todos los proyectos. Algunas personas no están de acuerdo y creen que se puede usar en todo tipo de proyectos (normalmente, son personas que no tienen experiencia en "otro" tipo de proyectos).
- La mejor aplicación de Agile, sin lugar a duda, es en el desarrollo de TI.
- Puede que sea posible utilizar Agile en algún otro tipo de proyecto; en mi experiencia, será con mucha dificultad. Sin embargo, a lo mejor puede aislar algunas partes de un gran proyecto y aplicar Agile con éxito, porque sea adecuado para ello.
- Lo que he dicho hasta ahora concierne a proyectos. En lo que se refiere a programas, todos los programas se deben realizar con métodos Adaptativos ¡sin excepción! Sin embargo, los tipos de método Adaptativos que se pueden utilizar para un programa varían de los que se utilizan para proyectos (por ejemplo, Scrum).

Esto es en lo que se refiere a cuestiones prácticas y de aprendizaje. A la hora de contestar preguntas en cualquier examen de Agile, la respuesta correcta es "Agile (o cualquier método Agile específico que pueda ser el tema del examen) no se limita a proyectos de TI" y también probablemente "Agile es la única salvación para el mundo".

■ ¿AGILE ES MÁS RÁPIDO?

La palabra "Agile" (ágil) implica que estos métodos son más rápidos. A pesar de que es muy difícil confirmar o rechazar esta hipótesis, hay dos razones principales que contribuyen a la "velocidad" de los proyectos Agile:

- Cambios: Aplicar cambios a mitad de un proyecto Predictivo requiere más tiempo y esfuerzo que en un proyecto Agile.
- Alcance: Los proyectos Predictivos dependen de una definición a priori del alcance del proyecto, y a la hora de definir el alcance, las personas responsables se vuelven demasiado creativas y añaden funcionalidades que no se utilizarán nunca, o casi nunca. Según algunos estudios, más de la mitad de las funcionalidades de un desarrollo de software promedio son así. El hecho de que el alcance vaya emergiendo durante los proyectos Agile ayuda a reducir este problema hasta cierto punto, lo cual a su vez, puede crear un proyecto más sencillo y corto.

2. ■ Scrum

Agile es la utilización de un Ciclo de vida Adaptativo. Este es un concepto general, y necesitamos un planteamiento práctico para poder realizar proyectos basados en este concepto. Ahí es donde entran en juego las metodologías (y los marcos de trabajo).

Hay varios marcos/ metodologías Agile, pero solo una que es muy conocida y utilizada: Scrum. Scrum ha dominado el mercado hasta tal punto que a la gente le cuesta hablar de Agile sin estar refiriéndose a Scrum.

El marco principal de Scrum se describe en la Guía Scrum (ScrumGuides.org), que es una breve descripción del marco de trabajo, pero no es de lectura tan fácil como este libro ☺

- Aproximadamente el 80% de las preguntas de tu examen se refieren directa o indirectamente a Scrum.

■ METODOLOGÍA VS MARCO DE TRABAJO

Es un pecado enorme decir que Scrum es una metodología. Es un marco de trabajo. Es difícil de explicar la diferencia exacta entre los dos porque no hay una distinción clara. Pero la idea general es que una metodología es un "algo" más sofisticado que puede dar soporte a situaciones complicadas, y que se debe simplificar si se quiere usar para proyectos más sencillos mientras que un marco es el mínimo que se requiere para cada proyecto y hay que ampliarlo para poder dar soporte a proyectos más complicados.

Sin embargo, entre nosotros, creo que no gusta la palabra metodología porque se cree que es algo "tradicional" que pertenece a los sistemas "Cascada". Pero igual es impresión mía.

■ BREVE RESUMEN DEL MARCO SCRUM

Vamos a comentar muchos detalles de Scrum, pero primero necesita tener una visión general. Así que voy a describir el marco entero de la forma más sencilla.

Cada proyecto Scrum se realiza en un número de *Sprints*. "Sprint" es el término Scrum para una "iteración". Se usa un *Backlog de Producto* (una Pila de Producto) para definir el alcance del producto restante. Escogemos los primeros elementos de la parte superior del Backlog de Producto y los añadimos al Backlog del Sprint (la Pila de Sprint), que es nuestro plan para el siguiente Sprint. Realizamos Sprints tantas veces como haga falta hasta que:

1. Se acaba el proyecto porque
   i. se terminan todos los elementos en el Backlog de Producto;
   ii. el cliente se ha dado cuenta que con el último incremento es suficiente y que no se puede justificar gastar más tiempo ni dinero añadiendo funcionalidades; o
2. el proyecto se termina por algún motivo (por ejemplo, ya no es justificable)

El siguiente dibujo muestra un resumen del marco de trabajo:

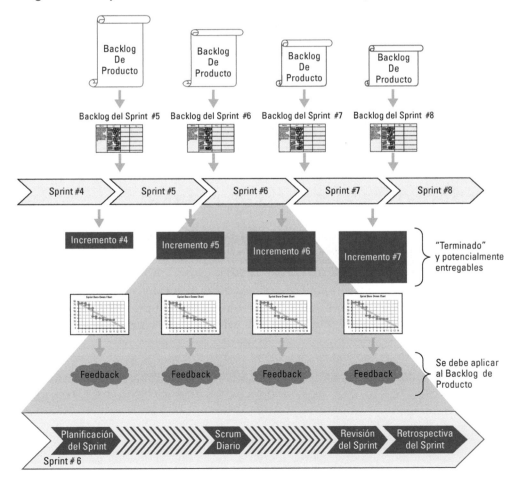

La última imagen muestra lo que ocurre dentro del Sprint #6 que es exactamente la misma secuencia de acciones que para todos los Sprints. Los eventos del Sprint están todos sujetos a un tiempo limitado (timeboxed) y ocurren de la siguiente forma:

- Planificación del Sprint: un bloque de tiempo (time box) corto para seleccionar las historias de usuarios de la parte superior del Backlog de Producto y crear el Backlog del Sprint
- Scrum diario: un bloque de tiempo (time box) de 15 minutos diarios para colaborar y para coordinar el trabajo.
- Revisión del Sprint: para mostrar el incremento y comunicar el progreso al cliente y facilitar la retroalimentación de la información (feedback).
- Retrospectiva del Sprint: para revisar la forma de trabajar y planificar las mejoras para el siguiente Sprint.

Hay tres roles en Scrum:

- El Dueño del Producto (Product Owner) - esta persona es la responsable de maximizar el valor del producto. Esto se hace mediante la creación y mantenimiento del Backlog de Producto; comunicación constante con el cliente, usuarios finales y desarrolladores, etc.
- Scrum Master (Scrum Master) - esta persona se asegura de que el marco de Scrum se sigue del todo y de forma correcta, lo cual requiere coaching, formación y capacidad de resolución de problemas.
- Equipo de Desarrollo (Development Team) - un conjunto de expertos técnicos y, a la vez multifuncionales y con capacidad de autoorganización, que desarrollan la solución.

Nota: Normalmente, nos referimos a los "programadores" como "desarrolladores". En literatura Agile, un "desarrollador" es cualquiera que contribuya a la producción de la solución final. Puede referirse a analistas, diseñadores de soluciones, diseñadores UI (Interfaz del Usuario), programadores, testers, etc.

Vale, ese era el resumen breve del marco. Ahora entremos en algunos detalles.

■ LOS ROLES DE SCRUM

Equipo Scrum

Hay tres roles en un proyecto Scrum. Ni uno más ni uno menos. Scrum no permite que se definan otros roles porque es perjudicial para la unidad del equipo y no es compatible con la filosofía Scrum.

Un *Equipo Scrum* consiste en los siguientes tres roles:

Dueño del Producto (Product Owner)	Scrum Master	Equipo de Desarrollo

1 persona	1 persona	De 3 a 9 personas
A tiempo completo o parcial	A tiempo completo o parcial	Preferiblemente a tiempo completo
Orientada al negocio	Facilitador y Coach de Scrum	Especialistas

El concepto "Equipo Scrum" se refiere a todos los miembros del equipo del proyecto: todos aquellos internos al proyecto. Normalmente, los miembros del Equipo Scrum tienen asignados solo uno de los tres roles estándar de Scrum: Dueño del Producto, Scrum Master o miembro del Equipo de Desarrollo. Es posible asignar más de un rol a una sola persona pero no se recomienda.

Nota: El "Equipo Scrum" y el "Equipo de Desarrollo" son dos cosas distintas.

Puede haber otras personas involucradas en el proyecto, pero no se las considera *internas* al proyecto, y Scrum no dice mucho al respecto. Sin embargo, deben tener ciertos comportamientos para que el proyecto Scrum pueda ser un éxito.

El cliente (interno o externo) debe entender y adoptar el marco Scrum también, ya que la relación entre el cliente y el Equipo Scrum y la forma de entregar el proyecto cambia por completo cuando cambiamos al marco de Scrum.

El Equipo Scrum tiene dos características fundamentales:
- Auto- organizado: El Equipo Scrum gestiona su propio esfuerzo, no lo gestiona ni lo dirige otros. En otros enfoques, el trabajo de la gestión se separa y centraliza; una parte del equipo de proyectos es el responsable de la gestión del proyecto,

y otra solo lo es de las actividades especializadas. Sin embargo, el trabajo de gestión y el especializado *no* se separan en Scrum.

■ Multifuncional: El Equipo Scrum – en su totalidad – tiene todo el conocimiento y la competencia necesaria para realizar el trabajo sin ayuda externa al equipo.

Ahora, consideremos cada rol.

■ Debe conocer la responsabilidad de cada rol para el examen.

Rol 1: El Dueño del Producto (Product Owner)

Dueño del Producto (Product Owner)   Scrum Master   Equipo de Desarrollo

Dueño del Producto	Scrum Master	Equipo de Desarrollo
1 persona	1 persona	De 3 a 9 personas
A tiempo completo o parcial	A tiempo completo o parcial	Preferiblemente a tiempo completo
Orientada al negocio	Facilitador y Coach de Scrum	Especialistas

Cada proyecto necesita una persona orientada al negocio cuyo objetivo sea maximizar el valor de negocio del producto. En Scrum, esta persona es el *Dueño del Producto* (Product Owner).

Cuando el proyecto se hace para un cliente externo, algunas personas consideran que el representante del cliente es el Dueño del Producto. En la mayoría de los casos no es buena idea, necesita que una de las personas de su organización asuma este rol y que esté en contacto con el (los) representante(s) del cliente.

Este rol es de una persona. Puede haber un comité para llevar las responsabilidades de este rol pero, en tal caso, debe haber una sola persona que represente al comité, y a *esta* persona le llamaremos el Dueño del Producto.

No necesitan conocimiento técnico; su enfoque está en las cuestiones de negocio. En los proyectos de desarrollo de software, por ejemplo, los Dueños de Producto no necesitan ser desarrolladores. Sin embargo, tener algún conocimiento técnico puede ser de ayuda.

El Backlog de Producto es responsabilidad del Dueño del Producto. El Backlog de Producto es una lista ordenada de elementos que se esperan del producto. Es la principal herramienta de planificación en Scrum. Es responsabilidad del Dueño del Producto asegurar que cada elemento se entiende fácilmente por parte del Equipo Scrum y otras partes interesadas.

El Dueño del Producto se debe comunicar con el cliente de forma efectiva (es, sin duda, el factor de éxito ineludible de cada proyecto) y utilizar la información para mantener el Backlog de Producto actualizado con todos los cambios. También mide el rendimiento del proyecto, predice la fecha de finalización, y facilita la disponibilidad de esta información a todas las partes interesadas.

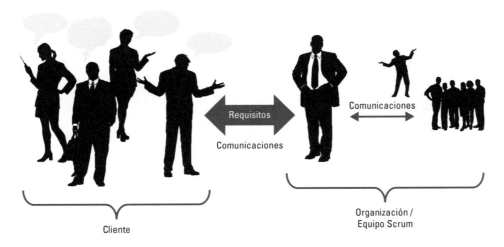

No está prohibido que el cliente y los representantes de los usuarios contacten directamente con el Equipo de Desarrollo, como lo hacen para las pruebas de aceptación durante el Sprint y por otros motivos. Sin embargo, al Dueño del Producto se le puede seguir considerando el nexo principal de comunicación entre el equipo y las demás partes interesadas.

El Dueño del Producto entiende el negocio por lo que entiende cómo puede ayudar a incrementar el valor del producto cada elemento del Backlog de Producto, y utiliza esta información para ordenar el Backlog; los primeros elementos en la parte superior serán los que se desarrollarán antes. Podemos decir sencillamente (si bien no es del todo exacto) que los elementos de mayor valor estarán en la parte superior del Backlog de Producto. Hablaremos en más detalle de los elementos del Backlog de Producto más adelante.

Para que el proyecto tenga éxito, toda la organización debe respetar las decisiones del Dueño del Producto. Nadie, ni siquiera el CEO, debe permitirse desautorizar esas decisiones. Nadie le debe decir al Equipo de Desarrollo qué elemento debe entregar, excepto el Dueño del Producto que es quien decide y fija el orden de los elementos. Otras personas pueden influir en las decisiones del Dueño del Producto, pero al final él tiene la última palabra.

Los Dueños del Producto pueden delegar alguna responsabilidad al Equipo de Desarrollo (tal como la composición de los elementos para el Backlog de Producto), pero sigue siendo su responsabilidad.

Rol 2: Scrum Master

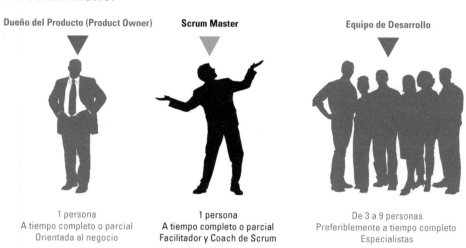

Dueño del Producto (Product Owner)	Scrum Master	Equipo de Desarrollo
1 persona	1 persona	De 3 a 9 personas
A tiempo completo o parcial	A tiempo completo o parcial	Preferiblemente a tiempo completo
Orientada al negocio	Facilitador y Coach de Scrum	Especialistas

Scrum Masters son aquellos que tienen un conocimiento pleno de Scrum. El Scrum Master ayuda al Equipo Scrum mediante el coaching y se asegura de que todos los procesos Scrum se implementan correctamente. El Scrum Master gestiona el proceso Scrum, que no al Equipo Scrum. El Scrum Master es un líder al servicio del Equipo Scrum.

Además de asegurar que el Equipo de Desarrollo entiende Scrum y lo utiliza correctamente, el Scrum Master también intenta eliminar todos los obstáculos que le puedan surgir al Equipo de Desarrollo, facilita sus eventos (según se le requiera o se le solicite) y les forma y orienta.

El Scrum Master también ayuda a los Dueños de los Productos asistiéndoles o consultando con ellos sobre cómo encontrar técnicas, comunicándoles información y facilitando los eventos correspondientes.

La responsabilidad del Scrum Master no se limita al Equipo Scrum. También deben ayudar a las personas externas al Equipo Scrum a entender las interacciones correspondientes con el Equipo Scrum a fin de maximizar su valor de negocio. El Scrum Master normalmente lidera el esfuerzo de la organización por adoptar Scrum.

Es posible que una sola persona sea tanto el Scrum Master como un miembro del Equipo de Desarrollo, aunque no es recomendable. Puede que ser Scrum Master de un proyecto normal no ocupe el 100% del tiempo de una persona; en este caso, la mejor solución es asignarle a esa misma persona el rol de Scrum Master de más de un proyecto en vez de hacerle miembro de un Equipo de Desarrollo.

La mayoría de las comunicaciones internas y externas sobre el *proceso* Scrum las hace el Scrum Master, mientras que la mayoría de las comunicaciones internas y externas acerca del contenido del proyecto las hace el Dueño del Producto. Fíjese que el Scrum Master no está implicado en el contenido (el significado, la estimación, el valor de negocio, etc. de las historias de usuario, o el contenido de los incrementos).

En su opinión, ¿cree que el Scrum Master debería ser un experto técnico?

Se supone que los Scrum Masters no deben involucrarse en los aspectos técnicos del proyecto, sino que deben seguir centrados en el contexto, por ejemplo, facilitando. Desde esa perspectiva, no necesitan ser expertos técnicos y no tener ese conocimiento incluso puede ser una ayuda ya que no existe la tentación de distraer al Equipo de Desarrollo. Por otra parte, el Scrum Master debe ayudar al Dueño del Producto y al Equipo de Desarrollo a encontrar técnicas y enfoques. Por ejemplo, si el Equipo de Desarrollo es nuevo en Agile y no sabe cómo manejar una estructura de una base de datos cuando no existe un diseño previo, se espera que el Scrum Master les ayude a comprender cómo hacerlo, lo cual no es posible si el Scrum Master no tiene conocimiento técnico.

Rol 3: El Equipo de Desarrollo

Dueño del Producto (Product Owner)   **Scrum Master**   **Equipo de Desarrollo**

1 persona   1 persona   De 3 a 9 personas
A tiempo completo o parcial   A tiempo completo o parcial   Preferiblemente a tiempo completo
Orientada al negocio   Facilitador y Coach de Scrum   Especialistas

Los miembros del Equipo de Desarrollo son expertos en el ámbito de la aplicación, son responsables de la entrega de los elementos del backlog y *también* de gestionar su propio esfuerzo.

Deben ser *multifuncionales*: capaces de completar cada elemento del Backlog de Producto de principio a fin.

Deben ser *auto- organizados*: capaces de encontrar su propio camino en vez de recibir órdenes.

Deben estar alineados con el objetivo del proyecto y no trabajar a ciegas. Se puede asignar una tarea a un solo miembro del Equipo durante el Sprint, pero el Equipo de Desarrollo entero será responsable de esa tarea. A ningún individuo le *pertenece* una tarea en concreto.

El Equipo de Desarrollo entrega el producto final del proyecto mediante *Incrementos* paso a paso. Siempre trabajan basándose en el producto.

Es muy recomendable que los miembros del Equipo de Desarrollo trabajen a tiempo completo en un solo proyecto para mantener el enfoque y la agilidad. La composición del Equipo de Desarrollo no debe cambiar con frecuencia. Si es necesario cambiar algún componente del equipo, este cambio no debe hacerse durante un Sprint. En cualquier momento en el que haya un cambio en la composición del equipo, habrá una disminución de la productividad a corto plazo.

Scrum alcanza una mayor efectividad cuando hay de 3 a 9 miembros en el Equipo de Desarrollo. Para proyectos grandes, se puede usar un modelo en escalas con múltiples equipos de Scrum.

Otros Roles

Puede que sea tentador darle títulos más específicos a los miembros del Equipo de Desarrollo, como diseñador, tester, inspector de calidad o jefe de equipo pero ¡Scrum no lo permite! Todos los miembros deben tener el mismo rol y el mismo título: miembro del Equipo de Desarrollo.

Scrum depende completamente de la colaboración y del trabajo en equipo. Los miembros del Equipo de Desarrollo deben estar unidos y completamente alineados con respecto al objetivo del proyecto. Si se les dan títulos o roles distintos, se enfocarán en su rol particular dentro del proyecto y puede que no presten atención suficiente al producto final. Cada miembro del Equipo de Desarrollo es responsable de todos los resultados creados por el Equipo de Desarrollo, aunque cada uno de ellos pueda estar centrado en unas tareas específicas.

¿Quién es el Project Manager?

Ahora que hemos revisado todos los roles de Scrum, puede que se esté preguntando: ¿quién es el *Project mánager*?

La respuesta es sencilla: no existe tal rol en Scrum; y ninguno de los tres roles en Scrum debe actuar como Project Manager.

Algunos consideran que el Scrum Master es el equivalente al Project Manager, pero no es cierto porque las responsabilidades del Scrum Master son muy distintas a las de un Project manager tradicional. Los Scrum Masters no son responsables de la planificación, por ejemplo.

Otros consideran que el Dueño del Producto es el equivalente del Project manager, lo cual tampoco es correcto. Aunque el Dueño del Producto es el responsable de partes de la planificación y de la monitorización del proyecto, también el Equipo de Desarrollo planifica y monitoriza en parte. Además, gestionar el marco es también responsabilidad del Project manager y eso lo hace el Scrum Master y no el Dueño del Producto.

Así que otra pregunta mejor sería: ¿qué ocurre con *Project management (la gestión del proyecto)*?

Las responsabilidades de Project Management se *distribuyen* entre los tres roles en Scrum. No existe una gestión de proyecto centralizada en Scrum.

Cerdos y Gallinas

Un cerdo y una gallina pasan el rato y a la gallina se le ocurre que podrían abrir un restaurante. "¿Qué servimos?" pregunta entusiasmado el cerdo. "Beicon y huevos" responde la gallina. El cerdo rechaza la propuesta (como es de suponer) diciendo "Yo estaría comprometido mientras que tú solamente estarías *involucrada*."

El Equipo de Scrum entero son los cerdos en esta analogía, mientras que el resto de las partes interesadas, incluido el cliente y alta dirección, son solo las gallinas.

Puede ser de ayuda distinguir los cerdos y las gallinas en cada proyecto para aumentar la productividad. Las gallinas no tienen autoridad directa en la ejecución del proyecto. En una reunión de Planificación de un Sprint, por ejemplo, normalmente los cerdos son los únicos que hablan y deciden, y las gallinas (si las hay) solo observan y participan según se les pida.

Entorno de trabajo adecuado

Los eventos Scrum son herramientas de comunicación y es importante preparar un entorno adecuado. Uno de los requisitos es que los miembros del equipo estén *co-ubicados* físicamente en un solo espacio en vez de tenerlos distribuidos en sus departamentos correspondientes. Esto mejora la relación entre los miembros del equipo y facilita su colaboración.

Comunicación Osmótica

Tener a los miembros del equipo co-ubicados en una solo sala no es solo para facilitar las conversaciones, sino también para la comunicación osmótica mediante la cual se puede obtener información útil oyendo otras conversaciones por casualidad, involucrándose y ayudándose unos a otros según surja la necesidad.

Es una buena práctica maximizar la comunicación osmótica. Esto se hace principalmente a través de la ubicación adecuada del equipo pero, incluso equipos repartidos pueden beneficiarse de ello si se aplican unas reglas sencillas, por ejemplo cuando se envía un mail a un compañero, se debe copiar a todo el mundo.

Ubicar bien al equipo y la comunicación osmótica son obligatorios en la familia Crystal de metodologías Agile, incluida Crystal Clear. Los métodos Crystal se centran mucho en las personas, la interacción, la comunidad, las habilidades, el talento y la comunicación.

- ¡El concepto Comunicación Osmótica puede ser popular en un examen! Posiblemente porque es difícil adivinar lo que es ☺
- También puede haber mención de las metodologías Crystal en el examen.

Equipos Virtuales

Es muy recomendable tener a equipos co-ubicados que trabajen juntos en una misma sala de proyectos. Sin embargo, puede que a veces necesitemos tener equipos distribuidos, con personas en otras ciudades e incluso en otros países. En el peor de los casos, pueden vivir en zonas de husos horarios completamente distintos, lo cual dificulta muchísimo la colaboración.

Incluso con equipos distribuidos, es posible utilizar Scrum pero deberíamos aprovechar al máximo los avances tecnológicos para facilitar la interacción del equipo y esperar un nivel de productividad relativamente inferior.

■ EVENTOS SCRUM

Introducción a los Eventos Scrum

Hay cinco eventos en un proyecto Scrum:

1. **Sprint**: Cada proyecto Scrum es un conjunto de Sprints. Un Sprint contiene, a su vez, cuatro eventos más (como representa el gráfico anterior), un trabajo de desarrollo y el mantenimiento del Backlog de Producto (Pila del Producto).

2. **Planificación del Sprint**: La Planificación del Sprint es el primer evento dentro de un Sprint. El Equipo Scrum planifica los elementos que va a entregar en el Sprint y la manera en la que los entregará.

3. **Scrum Diario**: El Equipo de Desarrollo empieza a trabajar sobre los objetivos del Sprint en cuanto se completa la Planificación del Sprint. Durante el Sprint, el Equipo de Desarrollo tiene una reunión diaria (15 minutos) para coordinar el trabajo de las siguientes 24 horas. Esta reunión se llama el Scrum Diario.

4. **Revisión del Sprint**: Antes de que acabe el Sprint, el Equipo de Desarrollo muestra el resultado del Sprint al cliente y recibe feedback. Esta reunión se llama la Revisión del Sprint.

5. **Retrospectiva del Sprint**: Después de la Revisión del Sprint y justo antes de que acabe el Sprint, el Equipo de Desarrollo se reúne para revisar el Sprint y usa la reunión para mejorar el proceso durante el siguiente Sprint. Esta reunión se llama la Retrospectiva del Sprint.

Estos eventos están diseñados para facilitar la transparencia, inspección, regularidad y adaptación que son críticas para el proceso. Preferimos usar estas reuniones concertadas con objetivos fijos y un límite de tiempo (timebox) en vez de reuniones ad hoc que normalmente nos hacen perder el tiempo.

> ■ Para el examen, hay que saber el propósito, la duración y las actividades de cada evento.

Timeboxing

Probablemente recuerde que timeboxing es el término que utilizamos para cuando establecemos una duración fija o máxima para algo y no se extiende en ninguna circunstancia.

Todos los eventos Scrum que hemos ido mencionado anteriormente están sujetos a timeboxing.

■ Puede haber preguntas sobre qué significa timeboxing en el examen.

Evento 1: El Sprint

Cada proyecto Scrum hace entrega del producto mediante una serie de iteraciones que se denominan Sprints. Durante cada Sprint, se desarrolla un *Incremento*. Un Incremento es una parte del producto final que potencialmente se podría entregar. Un Incremento es la suma de todos los elementos del Backlog de Producto que se han completado hasta el momento en un proyecto y este Incremento va aumentando después de cada Sprint. Por lo tanto, se puede considerar cada Incremento nuevo al final de un Sprint como una versión actualizada del anterior con características y funcionalidades nuevas. Los Incrementos se pueden o no pasar a producción, pero siempre deben estar potencialmente preparadas para la entrega (potentially releasable en inglés).

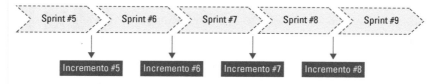

Los clientes normalmente piden cambios o funcionalidades nuevas cuando ven el Incremento (principalmente durante la Revisión del Sprint), y añadimos estas nuevas solicitudes al Backlog de Producto.

El Sprint es un evento timeboxed, lo cual significa que debemos fijar su duración al principio del proyecto. Los Sprints tienen un timebox de un mes o menos.

El Equipo Scrum puede discutir y acordar una nueva duración del timebox para Sprints futuros en función de lo que haya aprendido, pero no debe cambiar la duración de cada Sprint y, lo que es más importante, nunca a mitad del Sprint.

Al principio del Sprint, el Equipo de Desarrollo selecciona un número de elementos de la parte superior del Backlog de Producto y los coloca en el Backlog del Sprint actual. Esto les ayuda a centrarse en un ámbito más limitado y previene distracciones ya que el Backlog de Producto va cambiando constantemente. Algunos expertos creen que los elementos del Backlog del Sprint deberían mantenerse fijos para minimizar distracciones mientras que otros opinan que se debería de poder cambiar el Backlog del Sprint para aumentar la flexibilidad.

Con independencia de cómo gestione su Backlog del Sprint, a veces los factores externos (o internos) cambian de forma tan dramática que lo que tiene planificado para el Sprint deja de tener sentido. En ese caso, el Dueño del Producto puede *cancelar el Sprint*. Puede devolver los elementos al Backlog de Producto y comenzar un Sprint nuevo inmediatamente con su correspondiente reunión de planificación.

Evento 2: Planificación del Sprint

El Equipo de Desarrollo no espera a que el Backlog de Producto esté planificado al 100% (haber obtenido todos los requisitos y las especificaciones) para empezar a desarrollar el producto. En cuanto el Backlog de Producto tiene la madurez necesaria para proporcionar la información que necesitamos para el primer Sprint, el Dueño del Producto y el Equipo de Desarrollo pueden empezar el primer Sprint.

Lo primero que se tiene que hacer en cada Sprint es la Planificación del Sprint. La Planificación del Sprint es una reunión timeboxed, normalmente fijada en ocho horas para un Sprint de un mes, o más corta para Sprints inferiores a un mes. Los tres roles deben asistir a esta reunión.

El Dueño del Producto ya ha ordenado los elementos del Backlog de Producto en función de su valor. El Dueño del Producto también se asegura que todos entienden los elementos. Entonces, el Equipo de Desarrollo elige un número apropiado de elementos de la parte superior del Backlog de Producto y los coloca en el Backlog del Sprint. La decisión sobre qué número de elementos se trabajarán le pertenece por completo al Equipo de Desarrollo y nadie debe obligarle a aumentar el número de elementos que elige.

El Equipo de Scrum también fija un Objetivo del Sprint (Sprint Goal). El Objetivo del Sprint es un objetivo, o idea general, para el Sprint que se cumplirá con la implementación de los elementos del Backlog de Producto. Esto ayuda a que los desarrolladores interpreten los elementos de forma más efectiva. Por ejemplo, "Hagamos que sea el sitio web más moderno del mundo" o "Hagamos que la sección de soporte sea lo suficientemente efectiva como para su uso en directo" o "Acabemos todos los elementos imprescindibles y consigamos un Incremento que podamos pasar a producción de forma segura".

Elegir elementos del Backlog de Producto y fijar el Objetivo del Sprint normalmente lleva la mitad del tiempo que se asigna a la Planificación del Sprint. La otra mitad se utilizará para planificar cómo se van a desarrollar los elementos. Este tiempo no es suficiente como para planificar todos los elementos; se hace solo para los elementos de la parte superior del Backlog del Sprint que se desarrollarán en los primeros días del Sprint. El resto de los elementos se planificarán después.

No hay una regla concreta con respecto a la documentación, el almacenamiento ni la presentación del Backlog del Sprint. Puede escribirse en un tablero similar al que se muestra a continuación:

Objetivo del Sprint	Pendiente	En Curso	Terminado
El objetivo de este sprint es hacer que la parte de comercio electrónico de la web tenga la madurez suficiente como para poder soportar el proceso entero y que los usuarios puedan experimentar el proceso de compra completo, mediante el cual el resto de las funcionalidades de la web cobrarán más significado.	Elemento #1 t.1.6 t.1.3 t.1.2 t.1.4 t.1.1 t.1.5		
	Elemento #2 t.2.1 t.2.3 t.2.2		
	Elemento #3 t.3.4 t.3.1		
	Elemento #4		
	Elemento #5		

Las notas adhesivas azul oscuras en este gráfico representan los elementos que hemos extraído del Backlog de Producto. Las azul claras son las tareas que hemos pensado para cada elemento. Tal y como mencionamos anteriormente, solo se han planificado algunas de las tareas de este evento; a medida que avanzamos en el Sprint, algunas tareas se completarán y se añadirán nuevas:

Objetivo del Sprint	Pendiente	En Curso	Terminado
El objetivo de este sprint es hacer que la parte de comercio electrónico de la web tenga la madurez suficiente como para poder soportar el proceso entero y que los usuarios puedan experimentar el proceso de compra completo, mediante el cual el resto de las funcionalidades de la web cobrarán más significado.			Elemento #1 t.1.6 t.1.1 t.1.3 t.1.5 t.1.2
	Elemento #2 t.2.7	t.2.6 t.2.5	t.2.1 t.2.3 t.2.2 t.2.4
	Elemento #3 t.3.4 t.3.5 t.3.3 t.3.2	t.3.1	
	Elemento #4 t.4.4 t.4.2 t.4.5		
	Elemento #5		

Los elementos del Sprint Backlog se deben de ordenar de la misma manera que en el Product Backlog; por lo tanto, el Equipo de Desarrollo debe trabajar primero los elementos que se encuentran en la parte Superior del Backlog.

Evento 3: Scrum Diario

El Scrum Diario es una reunión normalmente de 15 minutos para que el Equipo de Desarrollo inspeccione el trabajo que se ha realizado desde la última reunión y después sincronice su trabajo y planifique las siguientes 24 horas. Debe hacerse diariamente.

Normalmente, cada miembro del Equipo de Desarrollo contesta estas tres preguntas:

1. ¿Qué se ha conseguido desde la última reunión?
2. ¿Qué se hará antes de la siguiente reunión?
3. ¿Qué obstáculos existen?

Evalúan si se está progresando hacia el Objetivo del Sprint y estiman la probabilidad de completar los elementos antes de que acabe el Sprint.

La reunión del Scrum Diario debería ser a la misma hora y el mismo lugar durante todo el Sprint a fin de minimizar la complejidad. Normalmente, se hace de pie frente al tablero del Sprint:

Objetivo del Sprint	Pendiente	En Curso	Terminado
El objetivo de este sprint es hacer que la parte de comercio electrónico de la web tenga la madurez suficiente como para poder soportar el proceso entero y que los usuarios puedan experimentar el proceso de compra completo, mediante el cual el resto de las funcionalidades de la web cobrarán más significado.			Elemento #1 · t.1.6 · t.1.1 · t.1.3 · t.1.5 · t.1.2
	Elemento #2 · t.2.7	t.2.6 · t.2.5	Elemento #2 · t.2.1 · t.2.3 · t.2.2 · t.2.4
	Elemento #3 · t.3.4 · t.3.5 · t.3.3 · t.3.2	t.3.1	
Sprint Burn-Down Chart	Elemento #4 · t.4.4 · t.4.2 · t.4.5		
	Elemento #5		

El Gráfico anterior muestra un Burn-down chart (Gráfico de Avance) del Sprint. Este gráfico muestra la cantidad de trabajo pendiente a lo largo del tiempo; hablaremos de ello más adelante. Los desarrolladores normalmente actualizan este gráfico después del Scrum Diario.

Fíjese que el Scrum Diario es solo para que se sincronicen los desarrolladores; no es una reunión para comprobar el estado del proyecto con las distintas partes interesadas. Como es habitual, puede *asistir* cualquiera a la reunión pero no debe *participar*.

- Debe recordar las tres preguntas del Scrum Diario para el examen.

Evento 4: Revisión del Sprint

Esta reunión normalmente dura cuatro horas para un Sprint de un mes. Si los Sprints son más cortos, la reunión será proporcionalmente más breve.

Al final del Sprint, el Equipo Scrum y el resto de las partes interesadas se reúnen durante cuatro horas para presentar y examinar los elementos "Terminados" (el Incremento) del Sprint actual. El objetivo de presentar el Incremento en esta reunión es recoger feedback y poder generar peticiones de cambio lo antes posible.

Los cambios en Scrum son bien recibidos y animamos a que se soliciten porque aumentan la satisfacción del cliente y crean un producto final que cumple mejor las necesidades del cliente.

El Equipo de Desarrollo no presenta un elemento si no se ha terminado 100% en base a la *Definición de Terminado* (Definition of Done DoD). Al comienzo del proyecto, se prepara la Definición de Terminado y ésta expone qué se tiene que hacer para que cada elemento se considere "Terminado" o dicho de otra manera, para que potencialmente se pueda entregar (que sea "potentially releasable").

Fíjese que puede haber un progreso del 99% y estar el 0% terminado. Ni siquiera es habitual calcular porcentajes de finalización en proyectos Agile ya que la única medida de progreso son las partes del producto terminadas. Esto no nos debe preocupar ya que normalmente, los elementos del Backlog de Producto son pequeños.

Antes de la Revisión del Sprint, el Dueño del Producto se asegura de que los elementos que van a presentar los desarrolladores realmente están Terminados.

Si no se ha Terminado algún elemento, volverá al Backlog de Producto y el Dueño del Producto lo pedirá de nuevo. Si sigue en la parte superior del Backlog de Producto, se elegirá para ser completado en el siguiente Sprint. Por lo tanto, recuerde que los elementos incompletos no se añaden automáticamente al Sprint siguiente.
Además de exponer el Incremento, el Dueño del Producto explica el estado del Backlog de Producto y los plazos de finalización probables en función del progreso.

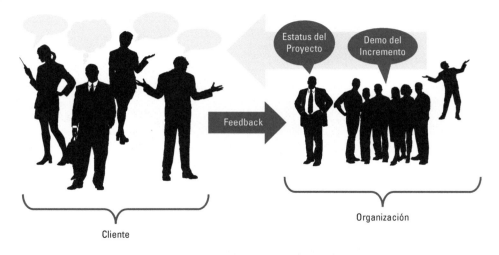

Cliente

Organización

Finalmente, todo el Equipo de Scrum colabora con la revisión del Backlog de Producto en función del resultado del Sprint y del feedback que recibe del cliente.

Evento 5: Retrospectiva del Sprint

Esta reunión normalmente tiene una duración de tres horas para un Sprint de un mes. Si el Sprint es más corto, la reunión será proporcionalmente más breve. Está orientada a la mejora de procesos.

Hay una norma: siempre debemos buscar maneras de mejorar nuestra forma de trabajar. No importa cómo de pequeña pueda ser la mejora, tiene que haber mejora. Esta reunión es una oportunidad de mejora, aunque no se limitan las mejoras a los resultados de esta reunión. Examinaremos el Sprint con respecto a las personas, las relaciones, los procesos y las herramientas e identificaremos formas de mejorar todos estos aspectos en el siguiente Sprint.

Actividad: El Refinamiento del Backlog de Producto

Al margen de los eventos timeboxed que mencionamos anteriormente, también existe una actividad continua en Scrum que se llama el Refinamiento (refinement o grooming) del Backlog de Producto. Es la revisión y la inspección de los elementos del Backlog de Producto, que normalmente conlleva añadirles detalles y estimaciones y ordenarlos. El Dueño del Producto es el responsable de ordenar los elementos y el Equipo de Desarrollo tiene la responsabilidad de realizar las estimaciones.

La diferencia primordial entre esta actividad y los cinco eventos Scrum es que los eventos Scrum están todos timeboxed, pero el refinamiento es una actividad continua que se lleva a cabo a lo largo del todo el Sprint. Esta actividad no debe consumir más del 10% del tiempo del Equipo de Desarrollo.

Slack

Los Sprints deben sucederse uno a otro sin demora (slack). Hay gente que prefiere descansar un día o dos entre cada dos Sprints para tener un pequeño descanso. Sin embargo, existen algunas razones por las que no es aconsejable formalizar una pausa programada dentro del marco:

- El Equipo de Desarrollo se organiza a sí mismo, así que si creen que necesitan descansar unos días, deben poder decidirlo en vez de incluirlo como parte del marco.

■ Es esencial tener una velocidad constante, y no es de esperar que los miembros del equipo estén sometidos a una presión extraordinaria en ninguno de los Sprints como para necesitar un descanso especial después.

¡El Primer Sprint!

¿Qué deberíamos hacer en el primer Sprint?

La respuesta es sencilla: exactamente lo mismo que hacemos en los demás Sprints.

Hay quien tiene un Sprint Cero al principio para preparar las herramientas, la infraestructura y demás. Esto no es aceptable en Scrum. Se debe empezar trabajando en los elementos del Backlog de Producto, y se prepara la infraestructura en cuanto se necesite esa parte de la infraestructura para la funcionalidad del Backlog de Producto que se esté desarrollando en ese momento.

Esto hará que se entreguen menos elementos en los primeros Sprints, lo cual es normal.

La preparación por adelantado no es aceptable en Scrum por la misma razón que no lo es ni la planificación ni el diseño por adelantado.

Planificación de la entrega (Release Planning)

El cuerpo principal del marco Scrum solo se centra en la entrega incremental, y ya sabemos que cada Incremento potencialmente debería poder entregarse. Puede que queramos hacer entregas reales antes del final de algunos proyectos para que el cliente pueda empezar a generar beneficios. Además, un Incremento que se entrega se usa más en serio por parte del Cliente y los usuarios finales, y por lo tanto, se recoge mejor feedback.

Es el Dueño del Producto quien planifica las entregas en colaboración con el cliente y las demás partes interesadas. No existe un artefacto ni un evento en particular en la Guía Scrum para planificar la entrega y se debe de hacer como parte de las actividades normales del Dueño del Producto.

Al hacer entregas, puede usar cualquiera de las siguientes opciones en el entorno Scrum:
■ Hacer entregas ad hoc de tanto en tanto. Al fin y al cabo, cada Incremento potencialmente se puede entregar, el Dueño del Producto junto al Cliente, pueden decidir si quieren entregar el Incremento después de la Revisión del Sprint.

- Hacer entregas en intervalos predefinidos; p.ej. cada tres Sprints. En este caso, puede que quiera hacer una excepción en el caso de la primera entrega para asegurar que el Incremento tenga todos los elementos "indispensables". En cuanto tenga la primera entrega, se pueden hacer de forma regular.
- Definir la entrega por las características que se necesita para cada una. En este caso, puede fijar un numero de historias de usuario para cada entrega y entregar el Incremento en cuanto tenga todas las características. Es preferible planificar solo uno o dos entregas por adelantado para asegurar que el proyecto siga adaptativo.

Cuando tenga un plan de entrega, es buena idea tener una forma de medir el progreso para la siguiente entrega.

Así que si tenemos un proyecto con Sprints de un mes, ¿Cuál sería nuestro ciclo de entrega más rápido?

Muchos contestan que una vez al mes porque creen que solo se puede entregar el Incremento final del Sprint. Sin embargo, no es una restricción obligatoria en Scrum. Se pueden realizar entregas durante el Sprint si se quiere. Las Revisiones del Sprint son una oportunidad estructurada de recibir feedback del cliente y de obtener ideas sobre qué hacer en el siguiente Sprint, no sobre la entrega de software.

- Debe tener una idea general de cómo funcionan las entregas en Scrum.

Pruebas de Agile

Veamos de nuevo cómo se realizan las pruebas en un sistema Predictivo:

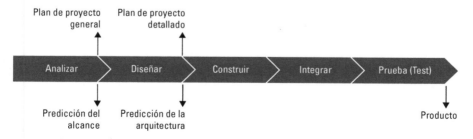

La mayoría de las actividades de pruebas (testing) son al final de un proyecto Predictivo, y en ese momento probablemente ya vayamos tarde y estemos bajo mucha presión para acabar el proyecto lo antes posible. Esta presión puede resultar en que se dejen algunas pruebas, comprometiendo la calidad de estas.

¿Y en los sistemas Adaptativos?

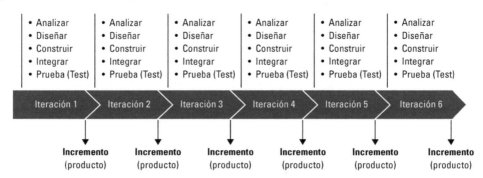

Este problema no existe en los Ciclos de vida Adaptativos porque se hacen pruebas continuamente. Y no importa cuando cesamos el proyecto; siempre tendremos la proporción apropiada de pruebas.

También hay otras diferencias. Por ejemplo, la frecuencia y la naturaleza de nuestras pruebas y el hecho de que queremos integración continua hacen que sea casi necesario que las pruebas sean automatizadas. Una cuestión que surge con respecto a las pruebas automatizadas es sobre si queda todo cubierto en las pruebas. Si se usa correctamente el Desarrollo de software guiado por pruebas, (hablaremos de ello en el capítulo de la Programación XP), casi todo queda cubierto en las pruebas. Sin embargo, no es muy común utilizar el Desarrollo guiado por pruebas. ¿Qué ocurre entonces? ¿Qué proporción de la codificación queda cubierta con las pruebas?

Esta proporción se llama *cobertura de código, cobertura de código de la prueba o cobertura de la prueba*: el porcentaje de código cubierto en las pruebas. Una cobertura más alta nos da más confianza pero, a la vez, conlleva más esfuerzo en desarrollar y realizar las pruebas. El objetivo no es llegar a un 100% de cobertura de la codificación, pero sí a una proporción óptima para la naturaleza de cada proyecto en concreto.

En su opinión, ¿dónde se deberían de documentar las pruebas necesarias en Scrum?

La Definición de Terminado (Definition of Done DoD) detalla todo lo que se necesita hacer para todos los elementos. Esto hace que sea el lugar perfecto para documentar los tipos de pruebas del proyecto. Por ejemplo, ¿hacen falta pruebas de aceptación de usuario durante el Sprint o las dejamos para la Revisión del Sprint?

La respuesta es sencilla: ¿podemos clasificar algo como Terminado antes de realizar las pruebas de aceptación de usuario? No. Por lo tanto, es algo que se tiene que hacer durante el Sprint, si no, no tendremos elementos Terminados hasta el final del Sprint. Cuando esté listo para hacer las pruebas de aceptación de usuario de un elemento, hágaselo saber al Dueño del Producto que a su vez pondrá a su disposición representantes de los usuarios para que puedan trabajar conjuntamente en las pruebas.

En última instancia, no importa lo bien que se hayan hecho las pruebas, puede haber *defectos evadidos*. Un defecto evadido es uno que no encontramos nosotros si no que fue encontrado por el cliente más tarde. Por una parte, queremos limitar el número de defectos evadidos (para empezar, para proteger nuestra reputación) y, por otra parte, queremos monitorizar las tendencias de los defectos evadidos y reaccionar en consecuencia. Por ejemplo, si ve que el número de defectos evadidos va aumentando ligeramente después de cada Sprint, debe intentar encontrar la causa raíz, y revisar su Definición de Terminado (Definition of Done DoD).

■ Debe conocer la definición de Defectos Evadidos y Cobertura de la prueba.

Planificación por capas (Planning Onion)

Existen distintos niveles de planificación relacionados con un proyecto Agile, y estos se pueden mostrar en un diagrama de cebolla como el siguiente:

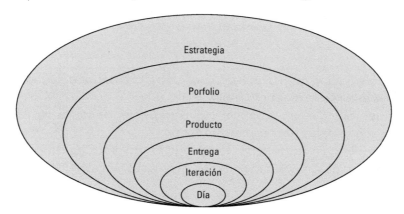

Los niveles de planificación de porfolio y de estrategia quedan fuera de los proyectos, los gestionan los sistemas de dirección más amplios de la organización. La planificación de la estrategia define el beneficio para la organización (por ejemplo, ganar dinero), y el nivel de porfolio selecciona los mejores proyectos, y les asigna recursos, a fin de obtener el mayor beneficio.

Dentro de cada proyecto Agile, hay cuatro niveles conceptuales de planificación:

1. Planificación del Producto – se hace normalmente en el Backlog de Producto con probablemente algún plan adicional a alto nivel, como puede ser la visión del producto, en función del marco que se esté utilizando.
2. Planificación de la entrega – este nivel planifica cuándo un Incremento debe ponerse a disposición de los usuarios finales para operaciones reales. En algunos marcos como Scrum, no tenemos un tipo de planificación específico para entregas porque siempre estamos listos para entregar el Incremento más reciente.
3. Planificación de la iteración – en caso de Scrum, este nivel de planificación se lleva a cabo en la reunión de la *Planificación del Sprint,* y crea el *Backlog del Sprint.* Esta es una lista de elementos (historias de usuario) seleccionadas de la parte superior del Backlog de Producto que se deben desarrollar en la iteración actual.
4. Planificación Diaria – en Scrum, por ejemplo, este nivel se hace al dividir los elementos del Backlog del Sprint en tareas y también se comenta después de los Scrums Diarios.

■ Puede que haya preguntas sobre la Planificación por capas en el examen.

■ LOS ARTEFACTOS DE SCRUM

Hay algunas "cosas" más que podemos crear para ayudar a que el proyecto funcione; se llaman artefactos. Ayudan a la planificación, la monitorización y al control del proyecto a la vez que mantienen la visibilidad y la transparencia.

Estos son los artefactos oficiales:

1. Backlog de Producto (la Pila de Producto): Una lista ordenada de todo lo que se pueda necesitar en el producto final.
2. Backlog del Sprint (la Pila del Sprint): Elementos seleccionados del Backlog de Producto que se deben entregar en un Sprint.
3. Incremento: El conjunto de todos los elementos del Backlog de Producto que se hayan completado hasta la fecha en el proyecto (hasta el final de un Sprint determinado).

Y los siguientes puntos son otras "cosas" obligatorias en Scrum, del mismo tipo, que no se llaman artefactos oficialmente en la Guía Scrum:

4. Definición de Terminado (Definition of Done DoD): El entendimiento común de lo que significa considerar que un elemento de trabajo se ha completado.
5. Medidas del Progreso del Proyecto: La medición del rendimiento y la predicción para el proyecto entero.
6. Medidas del Progreso del Sprint: La medición del rendimiento y la predicción para un Sprint individual.

■ Debe conocer el objetivo, la composición y las correspondientes responsabilidades de cada artefacto para el examen.

Artefacto 1: Backlog de Producto

El Backlog de Producto es una lista ordenada de todo lo que se pueda necesitar en el producto final del proyecto. Todos los elementos se describen preferiblemente en lenguaje de negocios sencillo, no-técnico. Cada requisito y cada cambio en el proyecto se reflejará en el Backlog de Producto.

El Backlog de Producto cambia y mejora de forma dinámica; nunca está completo. Por lo tanto, no esperamos a que el Backlog de Producto esté completo antes de empezar a entregar los elementos. El primer Sprint puede comenzar en cuanto el Backlog de Producto tenga suficientes historias definidas.
Se entregarán primero los elementos de la parte superior del Backlog de Producto, y el Dueño del Producto coloca los elementos de más valor en la parte superior.

Como la entrega de los elementos del final del Backlog de Producto no se va a hacer a corto plazo, tienden a no ser tan claros como los de la parte superior y puede que sean mucho más extensos. Cuando se trasladen a la parte superior, los dividiremos en elementos más pequeños y los detallaremos más.

Cada elemento del Backlog de Producto tiene también una estimación de trabajo que refleja su tamaño. Estas estimaciones las hace exclusivamente el Equipo de Desarrollo. Estas estimaciones tienen dos objetivos:
■ En la Planificación del Sprint, los desarrolladores pueden usarlas de forma orientativa y compararlas con su producción de media (la velocidad) y ver cuántos elementos de la parte superior del Backlog de Producto pueden seleccionar para el Sprint. Esto es solo orientativo, la decisión final pertenece a los desarrolladores; ninguna persona ni norma les debe dictar el número de elementos a elegir.
■ Estas estimaciones tienen un impacto sobre la forma en la que el Dueño del Producto solicita los elementos; por ejemplo, imagine dos elementos con los mismos beneficios, pero uno es la mitad de grande que el otro. Evidentemente, el elemento más pequeño apetece más por su mejor ratio de beneficio/ coste. Puede que se pregunte por la relación entre la ratio de beneficio/ coste y el "valor", que mencionamos anteriormente en el criterio común; volveremos a ello en breve.

El Equipo Scrum va añadiendo detalles, estimaciones y un orden a los elementos del Backlog de Producto a lo largo del Proyecto, que es lo que llamamos el *Refinamiento del Backlog de Producto* (*Product Backlog refinement o grooming*). No debe consumir más que el 10% del tiempo del Equipo de Desarrollo, mientras que el Dueño del Producto invierte mucho más que el 10% en esto.

El Backlog de Producto se crea basándose en el *debate* más que en la *documentación*. Un enfoque habitual es el de ver cada elemento como motivo de debate más que como la especificación completa de una funcionalidad. Recuerde que valoramos el software funcional por encima de la documentación exhaustiva.

Las partes interesadas no-técnicas deben poder comprender fácilmente los elementos del Backlog de Producto, ya que usamos los elementos para crear un entendimiento mutuo para todos aquellos involucrados en el proyecto.

A veces, múltiples Equipos Scrum trabajan sobre el mismo proyecto. El Backlog de Producto es una representación del alcance del producto final por lo que debe haber un solo Backlog de Producto sin importar cuántos Equipos Scrum trabajan en el proyecto.

> ■ La forma de gestionar el Backlog de Producto tiene un gran impacto sobre el proyecto, y normalmente hay muchas preguntas acerca del Backlog de Producto en el examen.

Elementos del Backlog de Producto (PBI Product Backlog Items)
El elemento del Backlog de Producto (PBI) más habitual es la *historia de usuario*:

Como [rol], quiero hacer [algo] para [propósito].

Por ejemplo:
■ Como usuario, quiero restablecer mi contraseña para poder recuperar el acceso a mi cuenta.
■ Como administrador, quiero bloquear un usuario para evitar actividad sospechosa en la web.
■ Como encargado de la tienda, quiero recibir un informe sobre el número de cestas de compra abandonadas para analizar las razones y encontrar maneras de mejorar la compra online.

Y estos definitivamente no serían buenos ejemplos:
■ Como encargado de la tienda, ¡quiero gestionar la tienda para que esté organizada!
■ Como administrador, quiero tener una base de datos SQL dentro del sistema para que sea más fácil el mantenimiento del software.

La tercera parte de la historia de usuario (el propósito) es opcional, y casi nadie lo incluye para historias obvias como restablecer contraseñas. Sin embargo, es buena idea ser disciplinados y simplemente usarlos siempre.

Leí un chiste en las redes sociales un día:

La esposa de un desarrollador le manda un mensaje: por favor, cuando vengas de camino a casa, compra un cartón de leche y, si tienen huevos frescos, compra media docena. El desarrollador llega a casa con 6 cartones de leche. La esposa pregunta "¿Para qué has comprado 6 cartones de leche?" El desarrollador responde sencillamente "Tenían huevos frescos".

Esto ocurre en proyectos en los que los desarrolladores no tienen una idea de cuál es el propósito y solo se centran en seguir las especificaciones. Se puede prevenir, por lo menos en parte, si se añade una declaración clara de propósito a la historia.

Incluso existe un enfoque en algunos proyectos Agile en el que no se especifica la *solución*, y en el que se utilizan los elementos solo para describir el *problema*. Les corresponde a los desarrolladores y al resto de las partes interesadas convertir ese problema en una solución durante el Sprint. Al emplear este enfoque, puede estar seguro de que los desarrolladores tienen un buen entendimiento de por qué hacen las cosas. También es un buen ejercicio para el Dueño del Producto porque la mayoría de nosotros no se detiene lo suficiente en el problema y nos centramos en la solución cuanto antes.

Por ejemplo, digamos que está a punto de añadir una historia como esta: Como usuario, quiero que me recuerde el nombre de usuario para poder iniciar la sesión en el sistema.

Si lo mantenemos como problema, el elemento sería: Los usuarios pueden olvidar su nombre de usuario y por lo tanto, no podrán acceder al sistema.

Nuestras opciones no se limitan a una historia que sea recordar a las personas su nombre de usuario; es posible, por ejemplo, que puedan usar su dirección de correo electrónico como nombre de usuario en vez de pedirle un nombre de usuario único. Esto reduce de forma significativa las veces que se dará el problema porque las personas tienen muy pocas direcciones de correo electrónico. Aun así, puede que queramos añadir una segunda historia para recordarles las direcciones de correo electrónico que han utilizado.

Otra cosa que ayuda a evitar acabar con esos seis cartones de leche es el Desarrollo guiado por pruebas, que comentaremos en el capítulo XP.

- Para el examen, debe conocer el formato, el propósito y las ventajas de las historias de usuarios.

¿Solo Características Funcionales?

Tomemos este ejemplo: restablecer contraseñas.

Se puede formular como una historia de usuario, o de otra manera. En cualquier caso, este elemento claramente pertenece al Backlog de Producto.

Qué pensamos de estos: ¿tener seguridad, tener un alto rendimiento, ser sostenible?

Estos elementos son de otra índole. En vez de funcionalidades, tratan más de la forma en la que se realizan estas funcionalidades. Se llaman características no-funcionales.

¿Las añadimos también al Backlog de Producto?

A veces, tratan de cosas que solo se pueden hacer una vez y luego comprobar con el cliente; por ejemplo, "reducir el tiempo que se tarda en generar informes de 20 segundos a máximo 5 segundos". Estos elementos pertenecen al Backlog de Producto. Sin embargo, la mayoría de las características no-funcionales no son independientes; aplicarían a todos, o a muchos otros, elementos. En ese caso, una buena práctica sería incluirlos en la Definición de Terminado (Definition of Done DoD), que conlleva todo lo que tiene que cumplirse para todos los elementos.

Las Dos Reglas

Existe un enfoque anticuado, estilo XP, a la composición del Backlog de Producto según el cual cada elemento debe tener las dos siguientes características:

- No ser técnico
- Ser independiente

No ser técnico es importante porque hace que todos los que estén involucrados en el proyecto, incluidas las personas no-técnicas del negocio, puedan entender los elementos y convertir el Backlog de Producto entero en una fuente de entendimiento mutuo en el proyecto.

Tener elementos que sean independientes es importante porque si existen dependencias, no podremos cambiar el orden de los elementos con libertad y tendremos que comprobar sus interdependencias constantemente. Para posibilitar esa independencia, puede que tenga que recomponer los elementos o integrarlos de manera que queden eliminadas las dependencias.

En su opinión, para un proyecto que sigue estas normas, ¿cómo se puede preparar la infraestructura de desarrollo? ¿Cómo se pueden hacer las partes técnicas como formar la base de datos?

La respuesta es que las hará en cuanto las necesite para una historia.

Aunque puede que le cueste seguir este enfoque, es un enfoque muy efectivo en desarrollo. Sin embargo, hay recursos que no consideran que las dos características sean obligatorias; por ejemplo, Scrum.org.

Invierta en los Elementos del Backlog de Producto

Como alternativa a las dos reglas anteriores, existe una recomendación que se enuncia como INVEST (el acrónimo formado por las siglas de Invertir en inglés) que sugiere seis características para cada elemento del Backlog de Producto:

Independent (Independiente): ya hemos revisado este punto anteriormente.

Negotiable (Negociable): los elementos del Backlog de Producto también son herramientas de comunicación, y deben ser negociables.

Valuable (Valioso): cada elemento tiene un valor de negocio asignado, y este valor es la base para ordenar los elementos en el Backlog.

Estimate-able (Calculable): solo tenemos estimaciones fiables para los elementos en la parte superior del Backlog de Producto. Ajustamos el resto de las estimaciones mediante el ejercicio constante de refinamiento del Backlog de Producto. Sin embargo, deben poder ser estimados, lo cual nos obliga a tener elementos más específicos.

Small (Pequeño): solo los elementos en la parte superior del Backlog de Producto tienen que ser pequeños; el resto pueden ser más extensos e incluso poco claros.

Testable (Se pueden probar): las pruebas siempre son una parte de la Definición de Terminado (Definition of Done DoD).

Las historias de usuario nuevas suelen ser extensas y poco definidas. Después de un tiempo, podemos dedicarle más tiempo a su refinamiento y convertirlas en historias más pequeñas y finalmente, más claras.

■ ¡INVEST es un concepto muy popular en el examen!

Épicas y Temática

Las historias de usuarios que son demasiado extensas a veces se llaman historias de usuarios épicas, o épicas para abreviar. Es normal tener historias de usuarios épicas en el medio y al final del Backlog de Producto. Llegado el momento, debemos dedicar un tiempo a refinar estos elementos convirtiéndolos en varios elementos más pequeños.

"Temática" puede referirse a elementos super-extensos (más grandes que las épicas) o a un grupo de elementos relacionados que crean una capacidad en la solución.

Estimación

Puntos de Historia

Habitualmente, las estimaciones se basan en horas de trabajo o persona/día, los cuales se basan en el tiempo que hace falta para completar una tarea. Una estimación en función del tiempo crea un compromiso de plazos para el equipo y se puede convertir en el motivo por el cual las partes interesadas empiecen a cuestionarse el rendimiento del equipo. En cuyo caso, nos encontraremos con dos problemas importantes:

1. El equipo se obliga a sí mismo a cumplir con las estimaciones iniciales, lo cual puede empeorar la calidad. Nunca debemos comprometer la calidad.
2. El equipo aprende a añadir un margen a cada una de las estimaciones para evitar ser el culpable en el futuro. Estos márgenes inflados, que llamamos relleno, no se controlan y crean problemas tales como el síndrome del estudiante y la ley de Parkinson (en la que se expande el trabajo para rellenar el tiempo disponible).

En vez de unidades basadas en el tiempo, podemos usar unidades basadas en el esfuerzo relativo que solo muestran la magnitud relativa de los elementos en vez del tiempo que requieren. Estas unidades se suelen llamar *Puntos de Historia*.

El primer paso, para realizar estimaciones usando Puntos de Historia, es definir la unidad de medición porque, a diferencia de lo que ocurre en el caso del tiempo, no existe una unidad absoluta y universal del esfuerzo que se requiere. Así que, seleccionamos un elemento, por ejemplo, el restablecimiento de una contraseña que es claro y sencillo y lo definimos como un Punto de Historia.

Entonces, cuando queramos estimar un nuevo elemento, lo comparamos con el referente. ¿Conlleva el doble de esfuerzo que el de referencia? Entonces serán dos Puntos de Historia. ¿Conlleva la mitad de esfuerzo? Entonces, medio Punto de Historia. ¿Cien veces más? Serían cien Puntos de Historia.

Puede que esté pensando que, en esencia, no es muy distinto que estimar en tiempo porque puede considerar una cantidad de tiempo que requiere la historia de referencia, y que cada Punto de Historia que le asigne a otro elemento equivalga a otra cantidad de tiempo. Esto es cierto en parte, pero no del todo.

En primer lugar, no debe pensar en el tiempo cuando estima Puntos de Historia. Imagine un conjunto de elementos que ha estimado en Puntos de Historia, con un total de 4512ph (usaré "ph" como símbolo de Puntos de Historia). Ahora, si estima que restablecer contraseñas lleva 4 horas laborables, ¿cuánto tiempo necesitaría para el proyecto? Su estimación sería:

4512 ph* 4 horas laborables/ph = 18.000 horas laborables.

He redondeado porque el resultado real son 18.048 y crea una sensación de precisión que puede llevar a confusión.

Ahora, ¿cuánto confía en esa estimación inicial de 4 horas laborables/ph? No mucho. Así que, ¿qué opina de poder usar datos estadísticos para ajustar el resultado? Por ejemplo, ¿si ha acabado con el primer Sprint y ha completado elementos por un valor de 190ph?

> ■ Para el examen, tiene que estar familiarizado con los Puntos de Historia. Saber qué significan y poder hacer cálculos sencillos.

Velocidad

La velocidad es la media de trabajo (en Puntos de Historia o cualquier otra unidad) que puede hacer en una unidad de tiempo (sea un Sprint, día, mes, o cualquier otra).

Así que, usando el ejemplo anterior, nuestra velocidad actual es 190ph/Sprint. ¿Puede estimar la fecha en la que se completará el proyecto?

4512 ph / 190ph/Sprint = 24 Sprints

Entonces, probablemente, necesitemos 23 Sprints más para acabar el proyecto.

Puede convertir esta cantidad a horas laborables si lo desea pero no es necesario; un Sprint es una medida más clara de tiempo.

En la siguiente Planificación del Sprint, los desarrolladores comprueban su velocidad, que es 190ph; por lo tanto seleccionan un número de elementos por valor de 190ph. Como recordará, esto es tan solo orientativo, y pueden seleccionar más o menos.

Ahora, digamos que son optimistas y seleccionan más de 20 elementos, por valor de 250ph, y que completan 230ph al final del Sprint. ¿Cuál es la nueva velocidad?

Velocidad = media (190,230) = 210ph/ Sprint

Por lo tanto, con estos nuevos datos, ¿cuál sería su estimación para la fecha final del proyecto?

4512ph / 210ph/Sprint = 22 Sprints

Probablemente, necesitemos 20 Sprints más para acabar el proyecto.

Así que, como verá, tenemos un sistema de estimación interesante con Puntos de Historia y velocidad en el cual el significado de los valores se ajusta en función del rendimiento.

Considere qué factores impactan en su rendimiento; por ejemplo, la facilidad de la comunicación con su cliente, el tiempo que tiene que pasar en reuniones, la libertad que tiene para definir los detalles de la solución, etc. No conoce estos factores al comienzo del proyecto y no estarán reflejados en las estimaciones. Sin embargo, a medida que va progresando, estos elementos se reflejarán en su Velocidad, lo cual cambiará la interpretación de los Puntos de Historia que tiene asignados a los elementos. ¡No hace falta volver a calcular las estimaciones por este motivo!

Por otra parte, si usa unidades basadas en el tiempo, a medida que va conociendo los factores ambientales del proyecto, sí tendría que volver a hacer la estimación.

Esta es otra razón por la que se prefieren las unidades basadas en el esfuerzo en lugar de las basadas en el tiempo, además de las que mencionamos anteriormente.

■ Para el examen, debe saber qué es la velocidad, poder hacer cálculos sencillos y saber que los elementos inacabados no entran en el cálculo.

Horas/ Días Ideales

Otra unidad en base al esfuerzo es el "tiempo ideal", que ¡puede ser un nombre engañoso para una unidad basada en el esfuerzo!

El tiempo ideal pueden ser horas-ideales o días-ideales, que normalmente son abreviaciones de horas-persona-ideales o días-persona-ideales, pero a veces son abreviaciones de horas-equipo-ideales o días-equipo-ideales.

Digamos que alguien le pregunta cuánto tiempo necesita para redactar un informe, y usted responde "puedo hacerlo en tres días si no hago otra cosa". Lo que está diciendo es que si no tiene que asistir a una reunión, ni ayudar a nadie más con su trabajo, ni hacer ningún trabajo "urgente", si está de buen humor, etc., podría hacerlo en tres días: es decir, en un mundo ideal, lo haría en tres días. Es decir, 3 días-persona-ideales.

Ahora, ¿cuánto tiempo tarda en hacer algo con una estimación de 3 días-persona-ideales? Puede que 3.5 días, 4 días, 5 días o más, en función de las distracciones que tenga.

Del mismo modo que antes combinamos velocidad y Puntos de Historia para calcular tiempo, se pueden combinar su eficiencia y el tiempo ideal para calcular tiempo.

Digamos que hay 6 desarrolladores en el equipo y que cada uno trabaja 7 horas al día, 22 días al mes, en un proyecto con Sprints de un mes. ¿Cuál es la capacidad del equipo en tiempo ideal?

6*7*22 = 924 horas-persona-ideales

Ahora, digamos que se han completado 3 Sprints, y los resultados de los Sprints fueron 650, 810 y 720 horas laborables ideales. ¿Cuál es su velocidad?

Velocidad = media (650, 810, 720) = 725 horas-persona-ideales

Y ¿cuál es su eficiencia?

Eficiencia = velocidad / capacidad = 725 / 924 = 78%

¡Bien! Así que, como desarrolladores, ¿cuántos elementos seleccionaría para su próximo Sprint?

Probablemente un número de elementos por valor de unas 725 horas-persona-ideales.

Los Puntos de Historia son más habituales que el tiempo ideal, y en mi opinión, una mejor opción.

> ■ Esta unidad de dimensión puede salir en el examen, y puede que tenga que hacer cálculos sencillos para responder a las preguntas.

Velocidad vs Éxito

Digamos que su velocidad aumenta un poco en cada Sprint. ¿Eso es señal de que hace un buen trabajo?

Es deseable aumentar la velocidad pero debe recordar que no es una medida real de éxito. Ser más rápido no ayuda si no se va en la dirección correcta.

La velocidad habitualmente se considera que es una combinación de rapidez y dirección (por ejemplo, en física), en cuyo caso, sería una gran medida del éxito; pero como hemos podido ver, lo que llamamos "velocidad" en Agile es solo una medida de la rapidez y no contiene dirección. Puede que se pregunte por qué se llama "velocidad" en vez de "rapidez", "índice de producción" o algo más sencillo, pero ¡no tengo ninguna respuesta satisfactoria! ¡Puede que porque "velocidad" suene más sofisticado!

En cualquier caso, para la mayoría, la velocidad es una medida importante de rendimiento o de éxito, pero precisamente por eso es engañoso, y por ello sería mejor centrarse en la medida real que es el valor, utilizando la velocidad solo para lo que realmente vale que es para ayudarle a planificar el proyecto y estimar la fecha final.

Por cierto, ¿quién debe calcular la velocidad?

La respuesta es el Equipo de Desarrollo. ¿Sabe explicar por qué?

Velocidad vs Velocidad

Dos equipos trabajan en dos proyectos distintos, uno tiene una velocidad de 100ph/Sprint y el otro 120ph/Sprint. ¿Significa que el segundo equipo es más eficiente?

No necesariamente. Por ejemplo, puede que el segundo equipo tenga más desarrolladores. Pero ¿y si tienen el mismo número de desarrolladores?

Seguimos sin saberlo. La estimación es en Puntos de Historia y puede que utilicen distintas referencias para estimar los Puntos de Historia. ¿Qué ocurre si tienen la misma referencia?

Puede que un cliente colabore más. ¿Qué ocurre si es el mismo cliente?
Siempre se pueden encontrar razones en contra de la comparación. En la práctica, no se puede comparar la velocidad de dos equipos, incluso si trabajan en el mismo proyecto. Y ¿por qué ibas a querer hacerlo? ¿Para poder echarle la culpa al equipo de menor rendimiento?

Póker de Planificación (Planning Póker)

Es responsabilidad del Equipo de Desarrollo hacer la estimación del tamaño de los elementos, pero ¿cómo?

Se reúnen todos y el Dueño del Producto explica el elemento para asegurarse de que todos lo entienden. Entonces, el equipo puede que comente el enfoque de desarrollo o cualquier otro aspecto técnico y finalmente, votan.

El tema con el mecanismo de voto es que si se empiezan a recibir los votos de uno en uno, cada persona escucha la opinión de los que le preceden; por lo tanto, puede que sus respuestas estén condicionadas. Para evitarlo, podemos esperar a que todos decidan y entonces "mostramos" los votos a la vez. ¡Es *Planning Póker*! O Póker de Planificación.

Las cartas del Póker de Planificación son parecidas a estas:

¿Necesitamos una carta para 41? ¡No! Las estimaciones no son tan precisas; un conjunto de números aproximados como los que se muestran es suficiente. Es similar a la serie de Fibonacci, a la vez que se redondean un poco las cifras. Suficiente para lo que nos ocupa.

Cuando utilizamos el Póker de Planificación, cada persona elige una carta de Póker de Planificación que muestra su estimación y la coloca boca abajo. Cuando están todos preparados, muestran sus cartas a la vez. Si los valores propuestos por personas distintas están dentro del mismo rango, la mediana o la media de los valores serán la estimación de la historia. Sin embargo, si existe mucha diferencia entre los valores propuestos significa que, dentro del equipo, no entienden todos lo mismo. Por lo tanto, se vuelve a debatir, aprendemos unos de otros y volvemos a votar.

La historia de referencia no es siempre la historia más pequeña que se encuentre por lo que también añadimos ½. Incluso en este caso, puede que haya historias que sean menos de ½ Punto de Historia, ¡por lo que también añadiremos 0! Sí, cero significa que la historia es sencillamente demasiado pequeña como para hacer la estimación.

Por otra parte, puede que 100 Puntos de Historia u otro número alto no sean suficientes para algunas de las historias épicas al fondo del Backlog de Producto, por lo que también añadiremos una carta de ∞ (infinito), que indica que la historia es sencillamente demasiado grande como para hacer la estimación y que necesitaremos dividirla en algún momento.

Por lo tanto, un conjunto de cartas de planificación de poker podría ser esta:

0, ½, 1, 2, 3, 5, 10, 15, 20, 35, 50, 100, ∞
No es necesario usar números para hacer las estimaciones de los Puntos de Historia. Algunos equipos simplemente usan las tallas de las camisetas:

Es una buena forma de hacer una estimación cuando los desarrolladores no están acostumbrados a pensar en los Puntos de Historia como unidades de esfuerzo o dimensiones y tienden a convertirlos a unidades de tiempo.

- El Poker de Planificación es un tema importante para el examen.

Triangulación

Cuando comparamos las historias con la de referencia y les asignamos Puntos de Historia, esperamos que sean comparables entre sí. Por ejemplo, si la historia A tiene 5 Puntos de Historia y la historia B tiene 10 Puntos de Historia, esperaremos que completar B cueste el doble de esfuerzo que completar A.

No existe la estimación perfecta y, a veces puede que los valores estimados sean incompatibles. Para asegurarnos, podemos comprobarlos comparando dos historias de usuario reales entre ellas y haciendo los ajustes necesarios.

Otra forma de mejorar las estimaciones es tener múltiples historias de usuario de referencia de distintas magnitudes y usarlas todas para estimar cada historia de usuario. Por ejemplo, puede tener una referencia de 1 Punto de Historia y otra referencia de 10 Puntos de Historia. Cuando compara la historia del ejercicio con la primera referencia y estima que requiere cinco veces el esfuerzo (5 Puntos de Historia), debe compararla también con la segunda referencia y ver si requiere la mitad del esfuerzo de esta.

La mayoría de las medidas adicionales para aumentar la fiabilidad de las estimaciones, que conlleva compararlas con más de una historia de usuario individual, se llaman *triangulación*.

- Puede que haya preguntas sobre triangulación en el examen.

La Tabla de Triangulación

Un buen ejercicio para triangular las estimaciones es usar una tabla con columnas para cada valor y poner las cartas de las historias de usuarios (o notas adhesivas) en distintas columnas para identificar sus estimaciones. Así tendrá una comparación completa entre todas las historias, y puede identificar las inconsistencias con facilidad y corregirlas.

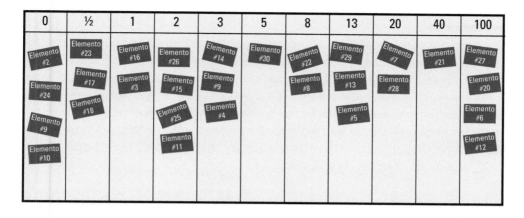

Este tipo de estimación es muy similar a la estimación por afinidad que se explica a continuación.

Estimación por Afinidad

Con este método, el equipo comienza clasificando las historias en base al esfuerzo relativo que requieren.

Cuando se han acabado de comentar y clasificar los elementos, los agrupan por valores estimados (Puntos de Historia).

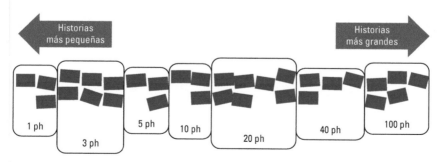

- Necesitas saber una definición sencilla de Estimación por Afinidad para el examen.

Re-estimación

Las estimaciones no están escritas en piedra, y podemos volver a hacer la estimación para corregir un malentendido anterior o para reflejar los conocimientos nuevos que tengamos del proyecto. Sin embargo, debemos tener en cuenta que todos los factores de influencia del entorno del proyecto ya se reflejan en los cálculos de velocidad, por lo que no es necesario aplicarlos en la estimación. Por ejemplo, si entendemos que el cliente no colabora tanto como se esperaba, no necesitamos aplicarlo en la estimación. La mayoría de los errores de la estimación se ven corregidos en los cálculos de velocidad.

Las estimaciones solo son la comparación del esfuerzo de un Punto de Historia con el Punto de Historia de referencia; por lo tanto, solo una nueva visión de lo que es la cantidad de esfuerzo relativo puede hacer que realicemos una re-estimación.

En la mayoría de los entornos Agile, solo las historias de usuarios de la lista principal (el Backlog de Producto) son re-estimadas; en cuanto pasan al Backlog del Sprint o se terminan, ya no se hace la re-estimación, porque no tiene utilidad.

Ordenar los puntos del Backlog de Producto
¿Recuerda la responsabilidad final del Dueño del Producto?

Es maximizar el valor del producto. ¿Cómo? En parte, ordenando el Backlog de Producto. La idea es comenzar con los elementos de más valor y dejar las funcionalidades más accesorias para el final (o para nunca).

Entonces, ¿en base a qué se ordena el Backlog de Producto?

La respuesta sencilla es "en base al valor de los elementos". Esta respuesta es simplificar demasiado y, en función de cómo definas "valor", puede que ni sea cierta.

La respuesta absolutamente correcta es "en base a cualquier aspecto que maximizará el valor del producto".

¿Se le ocurre cuál es la diferencia entre estas dos afirmaciones?

Digamos que tenemos dos elementos que harán que el producto genere la misma cantidad de beneficios adicionales pero un elemento tiene 10ph y el otro 85ph. ¿Son iguales? En absoluto. El primer elemento es más útil para el proyecto.

Para esclarecerlo más, piense en estos dos elementos:
- Elemento A: el beneficio adicional es 6.000€/ mes, el esfuerzo es 10ph
- Elemento B: el beneficio adicional es 7.000€/ mes, el esfuerzo es 80ph
- Elemento C: el beneficio adicional es 1.000€/ mes, el esfuerzo es 1ph

¿Cuál desarrollaría primero?

No sé cuál elegiría usted, pero yo no dudaría en elegir C.

Qué es Valor?

Las metodologías Agile normalmente definen el "valor" de forma distinta si se compara con las metodologías consolidadas de gestión de proyectos. A la definición de estas últimas le llamaremos el Valor R para evitar confusión. Por si tiene curiosidad, ¡la R es de "real"!

Pensemos en cada elemento como una pequeña inversión con un cierto coste. Tiene que invertir algo para obtener unos beneficios a cambio:

- Coste: la inversión que haremos en un proyecto Agile normal es de nuestro tiempo. En otro tipo de proyectos, puede que tengamos que comprar material y equipamiento también. Así pues, en un proyecto Agile normal, podemos considerar que el coste es la magnitud del elemento (por ejemplo en Puntos de Historia).
  Si realmente quiere ser serio, puede considerar también la formación, el soporte, y el coste del mantenimiento de un elemento en producción y añadirlo al coste de inversión.
- Beneficio: el beneficio más evidente es el dinero. Pero no es tan sencillo; hay dinero que se puede ganar casi inmediatamente además del dinero que se ganará a largo plazo (por ejemplo al entrar en nuevos mercados y al aumentar nuestra reputación). Puede que sea una empresa sin ánimo de lucro con beneficios que no se pagan en dinero (por ejemplo, la seguridad, calidad de vida, salvar vidas). Son distintos tipos de beneficios.

Así pues, con esta interpretación amplia de coste y beneficio:

Valor R α beneficio / coste

El símbolo α significa "proporcional a"; usarlo en vez del signo de "igual a" es una buena opción cuando uno quiere evitar las críticas ☺

El factor primordial al priorizar las iniciativas en la gestión del porfolio es el Valor R y no el beneficio. Porque una iniciativa que crea mucho beneficio pero a su vez tiene un coste alto no es tan deseable como una que genere menos beneficio pero cueste menos dinero y nos permita usar el resto de nuestro dinero (o nuestra capacidad) en otras inversiones y así generar más beneficio.

Por si tiene curiosidad, el otro factor que afecta nuestras decisiones al gestionar el porfolio es equilibrar el porfolio para que les sirva a todas las estrategias de la organización, aunque no es relevante en lo que se refiere a nuestro propósito ahora mismo.

Entonces, ¿qué hay del resto de factores, tales como el nivel de riesgo o la complejidad del producto?

Estos elementos impactan en el beneficio del producto o en el coste de producirlo; por lo tanto, se reflejarán en el Valor R.

¿En qué se distingue el Valor R de lo que se entiende comúnmente por Valor?

Tomemos esta declaración: *este coche tiene un buen valor económico.*

Aquí, "valor" no puede ser el Valor R. En la mayoría de los casos, valor es igual a beneficio en nuestro lenguaje normal. Cuando se dice "este coche tiene un buen valor económico", en realidad están diciendo "este coche tiene un beneficio alto en proporción al coste", lo cual es igual a decir "este coche tiene un alto Valor R".

Por lo tanto, ¿qué quiere decir Scrum al decir "valor"? ¿Valor R o beneficio?

Por desgracia, a veces quiere decir Valor R y a veces lo que sugiere el lenguaje normal, es decir beneficio.

En Scrum.org por ejemplo, dice que, para ordenar el Backlog de Producto, se deben de tener en cuenta el valor, el riesgo, el coste y las dependencias. Esto demuestra evidentemente que, en este caso, definen "valor" como beneficio; de lo contrario, no se tendría que considerar además el riesgo y el coste. Por otra parte, dice que el objetivo del Dueño del Producto es maximizar el valor del producto. En este caso, "valor" se refiere necesariamente a Valor R porque maximizar el beneficio sin tener en cuenta el coste no es conveniente.

¿Confuso?

No se preocupe, en el examen, puede considerar "valor" como beneficio sencillamente.

Cómo ordenar el Backlog de Producto

En última instancia, hay una manera de ordenar los elementos del Backlog de Producto: de manera que se maximice el valor del producto.

Por lo tanto, corresponde al Dueño del Producto ver cómo puede ordenar los elementos para maximizar su valor. Por ejemplo, puede que tenga que darles prioridad a algunos elementos con los que poder crear un conjunto completo de funcionalidades enteras, haciendo que sea realmente práctico para los usuarios. Este es solo un ejemplo de cómo se deben de ordenar los elementos de forma integradora, y no basándonos en los elementos individuales del Backlog.

A pesar de ello, y a fin de simplificar, podemos considerar algunos consejos menos integradores para ordenar el Backlog de Producto. Para ello, en distintos recursos, podrá encontrar uno de los siguientes criterios:

- Basado solo en el valor de los elementos
- Basado en el valor, el coste, el riesgo, las dependencias que pueda tener y otros factores relacionados con cada elemento

Primero, pensemos en las dependencias ¿Necesitamos tenerlas en cuenta? Evidentemente, si existen dependencias, se deben tener en cuenta. Sin embargo, una buena práctica es crear los elementos de tal manera que no tengan dependencias entre ellos. Scrum.org no lo considera obligatorio y, por lo tanto, dice que se deben tener en cuenta las dependencias.

Con respecto al resto de los conceptos, la diferencia entre ambas afirmaciones radica en la forma en la que se define "valor"; la primera define el valor como la proporción entre beneficio/ coste (Valor R) y refleja correctamente los riesgos y las complejidades y todos los demás factores que pueda haber en los beneficios y costes esperados. Valor R en realidad cubre todo lo que necesitamos para ordenar. Sin embargo, la segunda afirmación toma el significado de "valor" del lenguaje normal, es decir beneficio, y no refleja los riesgos y otros factores similares dentro de ese beneficio, y por lo tanto, tiene que contemplar esos factores en paralelo a lo que llama "valor".

Estas etiquetas no son importantes siempre y cuando se usen de forma consistente y conozca los objetivos finales de cada acción que se toma. Para su examen, considere "valor" como beneficio, no como Valor R.

Jerga relacionada con el Valor

Hay terminología relacionada con el valor y el dinero que debe conocer para el examen. Esa terminología se usa con referencia a ambos conceptos, entre sí y con referencia al resto del sistema, y debe aprender cómo utilizar estos conceptos en proyectos; sin embargo, ese no es el objetivo de su examen, y solo se espera que conozca la definición. A diferencia de otros conceptos en este libro, no voy a explicar la finalidad práctica de estos conceptos porque sería un tema muy largo y no está relacionado con el examen, desgraciadamente.

Esta es la jerga:

- ROI (Return on Investment) - traducido es el Retorno sobre la Inversión. El ROI de un periodo específico muestra cuánta de su inversión inicial quedaría cubierta por los beneficios. Por ejemplo, un ROI de un 50% en un año significa que recuperará la mitad del coste de inversión en un año al usar el producto. Convienen cifras más altas. Este criterio es el principal y el más habitual en los proyectos Agile.

- NPV (Net Present Value) – traducido es el Valor Actual Neto (VAN). El VAN muestra la inversión total menos el beneficio generado en un periodo concreto, y todos los importes se ven reducidos para tener en cuenta la inflación. Por ejemplo, tener un VAN de un millón de Euros en diez años significa que ganará en torno a un millón de Euros, de los actuales, por encima de todo lo que se habrá gastado en el proyecto en los próximos diez años. Convienen cifras más altas.
- Payback Period o Plazo de Devolución – el plazo de devolución es el tiempo que se tardará en ganar con el producto la cantidad que se ha gastado para crear el proyecto. Por ejemplo, un plazo de devolución de tres años significa que alcanzará el punto de equilibrio con su inversión a los tres años. Convienen cifras más bajas.
- IRR (Internal Rate of Return) – traducido es la Tasa Interna de Retorno (TIR). TIR es la tasa de descuento a partir de la cual el VAN se reduce a cero. Por ejemplo, si el TIR es del 20%, y hay un sistema financiero con un tipo de interés de más del 20%, le sale más a cuenta meter su dinero en ese banco que invertirlo en el proyecto.
- TCO (Total Cost of Ownership) – traducido es el Coste Total de Propiedad. El TCO es la combinación del coste, tanto de la operativa como de la implementación. La cuestión aquí es que si se reduce el coste de la implementación, puede que acabe con un coste operativo más elevado; por lo tanto, es necesario considerarlos de forma conjunta para poder asignarle un presupuesto a la implementación.

Artefacto 2: El Backlog del Sprint

Por si lo había olvidado, hablábamos de los artefactos de Scrum. Comenzamos con el Backlog de Producto y hemos revisado de forma relativamente exhaustiva el orden y el valor. Ahora volveremos al tema y hablaremos del resto de los artefactos.

El Backlog del Sprint (la Pila del Sprint) se crea durante el evento de Planificación del Sprint, el primer evento en un Sprint. Durante el evento de Planificación del Sprint, el Equipo Scrum colabora para crear el Backlog del Sprint, que consiste en lo siguiente:

- Un número de elementos seleccionados de la parte superior del Backlog de Producto, en función de la estimación del trabajo y de la estimación de la capacidad del Equipo de Desarrollo.
- Un plan detallado de la entrega de los elementos y de la realización del Objetivo del Sprint durante el Sprint. Este plan detallado se seguirá actualizando durante el Sprint.

Probablemente, visualice el Backlog del Sprint en una tabla. Puede ser un panel Kanban con múltiples columnas para los estados de trabajo. Y, ya que tiene la tabla, es buena idea añadir el Objetivo del Sprint a la tabla para tenerlo siempre presente a lo largo del Sprint.

Objetivo del Sprint	Pendiente	En Curso	Terminado
El objetivo de este sprint es hacer que la parte de comercio electrónico de la web tenga la madurez suficiente como para poder soportar el proceso entero y que los usuarios puedan experimentar el proceso de compra completo, mediante el cual el resto de las funcionalidades de la web cobrarán más significado.	Elemento #1 t.1.6 t.1.3 t.1.2 t.1.4 t.1.1 t.1.5		
	Elemento #2 t.2.1 t.2.3 t.2.2		
	Elemento #3 t.3.4 t.3.1		
	Elemento #4		
	Elemento #5		

Elementos inacabados al final de cada Sprint

¿Qué ocurre si no ha acabado con todos los elementos del Backlog del Sprint al final del Sprint? ¿Debería entrar en pánico?

No hace falta. Los elementos que elige para el Sprint son solo su valoración inicial (como Equipo de Desarrollo) de lo que pueden entregar durante el timebox. Nadie debe culpar al equipo si no se pudo entregar todo porque, en ese caso, elegirán menos elementos y eso puede acabar en una menor productividad. Recuerde que el objetivo del proyecto no es completar todos los elementos del Backlog del Sprint, ni siquiera completar el máximo número posible; el objetivo es maximizar el valor del producto.

Entonces, ¿qué hacemos con los elementos inacabados?

Hay gente que dice pasarlos al siguiente Sprint. No es buena idea porque podría pasar lo siguiente: Puede que tenga una funcionalidad buena que tiene una estimación de 10ph. Basándose en esta estimación, el Dueño del Producto considera que tenerla aporta mucho valor y la pone en la parte superior. Empiezan a trabajar el elemento durante el Sprint y se dan cuenta de que es mucho más complicado de lo que pensaban en un principio. Cuando se devuelve al Backlog de Producto al final del Sprint, se ha re-estimado en 200ph. El Dueño del Producto puede que considere que, teniendo en cuenta la nueva estimación, el elemento no es lo suficientemente atractivo y lo pase al medio del Backlog de Producto, por lo que no entrará en el siguiente Sprint.

La respuesta perfecta es que se pasan los elementos inacabados de vuelta al Backlog de Producto y se les vuelve a hacer la estimación si hace falta. El Dueño del Producto ordenará el Backlog de Producto si lo estima necesario. Si los elementos siguen en la parte superior del Backlog de Producto, se elegirán para el siguiente Sprint.

Se han completado todos los elementos en medio del Sprint

¿Qué haría si completara todos los elementos y todavía le sobrara tiempo hasta el final del Sprint?

Es sencillo: seleccionaría el siguiente elemento de la parte superior del Backlog de Producto y lo añadiría al Backlog del Sprint.

Claro que también son un Equipo de Desarrollo que se organiza a sí mismo y puede decidir utilizar el tiempo sobrante para refactorizar, para hacer una pausa, para investigar, o para otra cosa en vez de comenzar con un nuevo elemento.

¿Sabe lo que es refactorizar? Trata sobre mejorar el código sin cambiar su comportamiento. Luego, lo comentamos en más detalle.

Estático vs Dinámico

¿Deberíamos mantener el Backlog del Sprint estático o dinámico?

Como recordará, existen dos componentes en el Backlog del Sprint: los elementos que hemos seleccionado del Backlog de Producto y las tareas que hemos creado al descomponer estos elementos. Las tareas cambian continuamente; por lo tanto, no podemos decir que el Backlog del Sprint sea estático.

¿Y sobre los elementos? ¿Debemos mantenerlos fijos o tenemos libertad para cambiarlos?

Hay quien está a favor de mantener los elementos fijos para evitar distracciones y para maximizar la productividad. Otros, como Scrum.org, no sugieren lo mismo y creen que se debe tener la libertad de cambiar los elementos; por ejemplo, añadiendo o quitando elementos del Backlog del Sprint.

Tener un Backlog del Sprint estático presenta algunos problemas prácticos, pero también tiene sus ventajas. La idea principal es tener un plan sencillo y fijo para los desarrolladores mientras que todo lo demás va cambiando. Al fin y al cabo, es difícil trabajar cuando no hay nada fijo.

Sin embargo, imagine que el Backlog del Sprint fuera totalmente dinámico, sin restricciones; ¿no sería lo mismo que no tener ninguno? Sencillamente, los desarrolladores podrían ir al Backlog de Producto y elegir el primer elemento cuando hubiesen acabado con los anteriores. Sería un método de Desarrollo Kanban sencillo.

Por lo tanto, sepamos que los dos enfoques tienen sus ventajas y desventajas y tienen simpatizantes distintos.

Trabajo inacabado vs Velocidad
¿Recuerda lo que es la velocidad?

La velocidad es la media de trabajo completado en un intervalo determinado; por ejemplo, la media de Puntos de Historia por Sprint.

La velocidad normalmente se calcula haciendo la media de Puntos de Historia que se han completado en Sprints anteriores. Hay equipos que prefieren excluir los primeros Sprints de este cálculo porque no suelen ser normales. Otros equipos prefieren calcular una media ponderada, asignándole más peso a los Sprints recientes.

Por ejemplo,

Sprint 1	Sprint 2	Sprint 3	Sprint 4	Sprint 5	Sprint 6	Sprint 7
80ph	70ph	95ph	105ph	130ph	110ph	120ph

En este caso, una media sencilla es de unos 100ph/Sprint. Si descartamos los dos primeros Sprints, la media sería de unos 110ph/Sprint, que puede que sea más realista.

Evidentemente, la velocidad cambia después de cada Sprint. Normalmente se experimentan grandes cambios de velocidad al principio de un proyecto; pero después de varios Sprints, la velocidad se vuelve más o menos constante porque obtenemos un rendimiento más constante. No tenemos que invertir mucho tiempo en preparar la infraestructura ni en conocer al cliente, y también por cómo se comportan los promedios.

Digamos pues que estos son los elementos que hemos tenido en el Backlog del Sprint, con su tamaño y su progreso al finalizar el Sprint:

- Elemento #67:   10ph,   100%
- Elemento #143:   5ph,   100%
- Elemento #81:   22ph,   100%
- Elemento #209:   8ph,   100%
- Elemento #44:   10ph,   90%
- Elemento #5:   4ph,   50%
- Elemento #99:   12ph,   0%

¿Cuál es la velocidad de este Sprint individual?

Para empezar, tenemos que hacer un ajuste muy importante en esta lista: solo existen Terminados y no-Terminados. No nos molestamos en especificar en qué porcentaje se han completado. No necesitamos esa clase de información y, en la mayoría de los casos, llevaría a confusión.

Así que la forma correcta de presentar la lista es:
- Elemento #67:   10ph,   Terminado
- Elemento #143:   5ph,   Terminado
- Elemento #81:   22ph,   Terminado
- Elemento #209:   8ph,   Terminado
- Elemento #44:   10ph,   NO- Terminado
- Elemento #5:   4ph,   NO- Terminado
- Elemento #99:   12ph,   NO- Terminado

Por lo tanto, ¿cuál es la velocidad de este Sprint individual? Son 10ph+5ph+22ph+8ph, que son 45ph/Sprint.

Como verá, al calcular la velocidad, solo tenemos en consideración los elementos Terminados. Esto se debe a que los elementos que están en curso son demasiado inciertos; y en un entorno bien formado, los elementos son pequeños y tener en cuenta esos pequeños elementos de trabajo no tendría un impacto real.

Y, finalmente, recuerde que la velocidad no es una forma de medir el éxito, ni siquiera de medir la productividad. Tiene cierto propósito dentro del proyecto y cumple bien con ese propósito sin contemplar los elementos que están en curso. ¿Recuerda qué propósito tenía?

Jerga: a la información de Sprints anteriores, que es la base para el cálculo de la velocidad se le llama "el tiempo que hizo ayer" o "las noticias de ayer".

Artefacto 3: Incremento
Un incremento es la suma de todos los elementos del Backlog de Producto completados al final de un Sprint. Cada Incremento debe estar "Terminado" y debe poder entregarse. El Dueño del Producto (Product Owner) puede entregar o no un Incremento en concreto pero debe, sin embargo, poderse entregar (ser shippable).

El siguiente gráfico muestra cómo el número de historias en el Backlog de Producto baja de Sprint a Sprint, a medida que aumenta el número de funcionalidades.

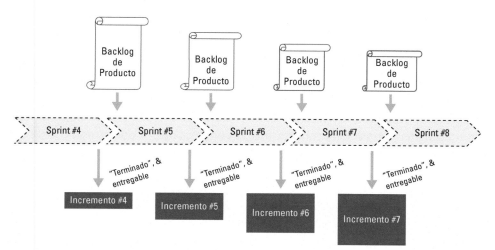

Fíjese que el concepto de Incremento es acumulativo: cada Incremento también contiene las funcionalidades de los anteriores.

Sin embargo, la imagen está sobre simplificada; el Backlog de Producto puede aumentar de tamaño en medio de un proyecto. ¿Sabe por qué?

La razón es porque no identificamos todos los elementos al principio de un proyecto; puede que se nos ocurran muchas ideas geniales a mitad de proyecto y que las añadamos al Backlog de Producto.

¿Cómo son los Incrementos en un marco de Scrum en escalas?

Cuando hay múltiples equipos en un proyecto, se integrarán todos sus resultados y habrá un solo Incremento integrado para el proyecto.

Y, ¿qué ocurre con sus Sprints? Deben empezar y acabar sus Sprints a la vez?

Es buena idea pero no es necesario. La duración y las fechas de inicio de los Sprints de distintos equipos pueden ser distintas. No olvidemos que en Agile, hay una integración continua y que podemos estar integrando nuestro trabajo varias veces al día; no se integran al final del Sprint en paquetes que crean los equipos de forma independiente.

Definición de Terminado (Definition of Done DoD)
Ha visto la importancia que le damos a la cualidad de "Terminado" (!) de los elementos. No añadimos un elemento al Incremento si no está Terminado; no se lo mostramos al cliente cuando no está Terminado; y no lo tenemos en cuenta para calcular la velocidad cuando no está Terminado.

Así que, ¿cuándo está Terminado algo?

No es igual para todos los proyectos; por lo tanto, usted decide lo que significa Terminado para su proyecto. PERO, necesita documentar y respetar esta definición para generar consistencia. Además, recuerde que queremos Incrementos que se puedan entregar; por lo tanto, su Definición de Terminado debe enunciarse de tal manera que haga posible tener Incrementos entregables o, como los denomina la Guía Scrum, potencialmente entregables (potentially releasable).

¿Quién cree que debe crear la Definición de Terminado?

La respuesta sencilla es el Equipo de Desarrollo. La respuesta completa es que la Definición de Terminado sencilla puede llegar desde el nivel de organización y puede contener aspectos como los estándares de codificación, cosas que la empresa quiere incluir en todos los proyectos. Después, los desarrolladores añadirán más aspectos a la Definición de Terminado para adecuarlo más al proyecto concreto que tengan. Así, la nueva Definición de Terminado que se crea, seguirá siendo compatible con la de la organización pero tendrá más limitaciones.

¿Qué ocurre si hay múltiples equipos?

Cuando hay múltiples equipos, la Definición de Terminado básica viene desde el nivel de organización. Los desarrolladores entonces trabajan conjuntamente para añadir los extras que necesitan para el proyecto. ENTONCES, puede que cada equipo quiera crear su propia Definición de Terminado con sus limitaciones particulares adicionales; por ejemplo, pruebas adicionales para asegurar una calidad más alta.

Así pues, podemos tener múltiples Definiciones de Terminado si es un marco de Scrum en escalas, siempre y cuando esas definiciones sean compatibles y capaces de crear Incrementos integrados. Sin embargo, para su examen, ¡considere que existe una Definición de Terminado para todos los equipos!

> ■ Para su examen, debe conocer bien qué es la Definición de Terminado (Definition of Done DoD) y cómo se usa en el proyecto.

Definición de Preparado

Tal y como comentamos anteriormente, la mayoría de los elementos en el Backlog de Producto son de tamaño considerable y poco claros. Cuando van subiendo hasta la parte superior del Backlog de Producto, los dividimos en elementos más pequeños y nos dedicamos a detallarlos mejor.

Los elementos de la parte superior del Backlog de Producto preferiblemente tendrán las siguientes características:

- Deben ser lo suficientemente pequeños como para terminarlos en un Sprint
- Deben ser lo suficientemente claros y contener algún criterio de aceptación implícita o explícita.

En este caso, les podremos denominar "preparados"; están preparados para ser desarrollados.

Ahora, ¿qué ocurre si los elementos de la parte superior del Backlog de Producto no están preparados?

Pues, no pasaría nada, los desarrolladores los seguirían seleccionando para el Sprint y después ellos y el Dueño del Producto (Product Owner) deben pasar un tiempo en refinar el elemento durante el Sprint. Esto es así porque no queremos tener excusas para poder ignorar elementos de la parte superior del backlog y trabajar sobre los elementos de menos valor.

Gracias a este enfoque, es preferible que los elementos estén preparados pero no obligatorio, y por eso, muchos están en contra de tener una "definición de preparado".

Monitorizar la Ejecución del Proyecto

Tanto el cliente como la organización necesitan tener una idea de cuándo se acabará un proyecto; para que el cliente pueda acordarlo con operaciones del negocio y para que la organización pueda planificar los proyectos siguientes.

Predecir la fecha final de un proyecto nunca es fácil, sobre todo cuando usamos un método Adaptativo en el que pueden surgir nuevas funcionalidades en cualquier momento. Sin embargo, al adquirir experiencia, usted podrá tener una idea de las funcionalidades que podrán surgir más tarde. También tendrá información estadística sobre el rendimiento del equipo (la velocidad) y de otros factores relacionados así que, al combinarlos y añadiendo una pizca de intuición, podrá predecir la fecha final, al menos una por Sprint y podrá comunicársela al cliente en la Revisión del Sprint. Así que ¿a quién nos dirigimos cuando nos referimos a usted en estas afirmaciones? ¿Quién cree que debe ser el responsable de medir la ejecución del proyecto y las entregas?

La respuesta correcta es el Dueño del Producto (Product Owner) porque el Dueño del Producto (Product Owner) es el que tiene un conocimiento exhaustivo del producto y el que conoce el panorama general. El Scrum Master solo se centra en el contexto y el proceso y los desarrolladores están involucrado en la parte técnica y se centran en los Sprints.

Es buena idea "visualizar" el progreso. La forma más común de hacerlo en los proyectos Agile es usando un Burn-down chart (gráfico de avance):

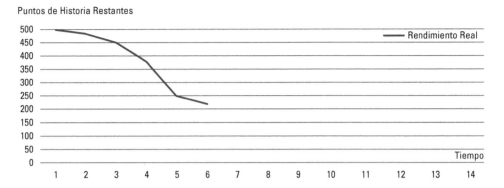

El eje vertical muestra el trabajo restante (por ejemplo, en Puntos de Historia) y el eje horizontal es el tiempo (por ejemplo, en Sprints).

Monitorizar el Progreso del Sprint

Al margen de la monitorización que se hace del proyecto entero, también debemos monitorizar el progreso de cada Sprint durante su vida. Esto es responsabilidad del Equipo de Desarrollo y se debe hacer, al menos, una vez al día, normalmente después del Scrum Diario.

Se puede visualizar el progreso mediante un gráfico de avance (Burn-down chart), y es conveniente añadirlo a su panel junto con el Objetivo del Sprint y el Backlog del Sprint.

Objetivo del Sprint	Pendiente	En curso	Terminado
El objetivo de este sprint es hacer que la parte de comercio electrónico de la web tenga la madurez suficiente como para poder soportar el proceso entero y que los usuarios puedan experimentar el proceso de compra completo, mediante el cual el resto de las funcionalidades de la web cobrarán más significado.			Elemento #1 t.1.6 1.1 t.1.3 t.1.5 t.1.2
			Elemento #2 t.2.3 t.2.7 2.5 2.1 t.2.6 t.2.2 t.2.4
	Elemento #3	t.3.5	t.3.2 t.3.1 t.3.3 t.3.4
	Elemento #4 t.4.5	t.4.4 t.4.3	t.4.1 t.4.2
Sprint Burn-Down Chart	Elemento #5 t.5.4 5.3 t.5.1 t.5 t.5.5 t.5.2		

Radiadores de Información

Cualquier muestra de información grande y de mucha visibilidad la podemos llamar *un radiador de información*. Pueden ser pantallas grandes o tableros físicos. La mayoría de las personas de proyectos Agile prefieren tableros físicos.

Los radiadores de información están en las zonas de trabajo comunes a la vista de todos los que estén involucrados en el proyecto para que puedan entender el estatus del proyecto y cualquier otro mensaje que pueda mostrar el radiador. Será visible y comprensible para cualquiera que pase, lo que aumenta la transparencia del proyecto.

Un panel del Sprint bien actualizado también se puede considerar un radiador de información. Combina múltiples elementos (elementos del Backlog de Producto, tareas, el Objetivo del Sprint, la Definición de Terminado, el progreso, etc.), mientras que algunos radiadores de información se centran exclusivamente en un solo tipo de información.

Otro término alternativo para un radiador de información es un *gráfico grande y visible*.

A continuación, describimos los diagramas de radiadores de información más comunes.

Burn-down Chart (Gráfico de Avance)

El Burn-down chart (gráfico de avance) del proyecto muestra la cantidad restante de trabajo con respecto al tiempo. Por lo tanto, la línea de rendimiento real baja a medida que progresamos. ¡Cuanto más rápido baje, más felices seremos!

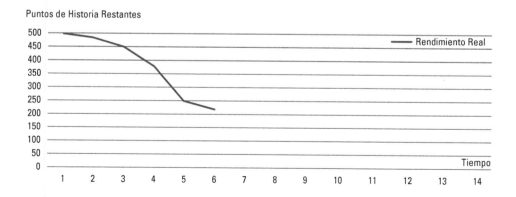

El eje vertical (trabajo restante) muestra la cantidad de trabajo (que es la suma de todas las estimaciones de cada elemento del Backlog de Producto) y el eje horizontal muestra el tiempo (en días o número de Sprints) que ha pasado desde el principio del proyecto.

Puede añadir otra línea que muestre una distribución uniforme del volumen de trabajo sobre el número de Sprints que se han estimado inicialmente. Esta línea representará el progreso que habíamos planificado y será contra lo que compararemos nuestros valores reales.

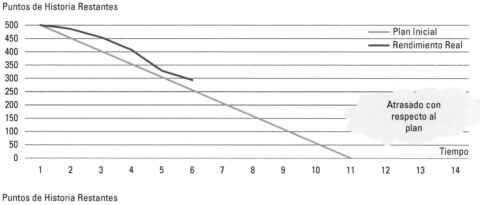

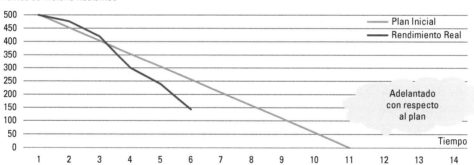

En este último gráfico, podemos esperar completar el proyecto antes de lo planificado inicialmente. ¿Con cuánta anticipación? Se puede mostrar cómo se ve en el siguiente gráfico.

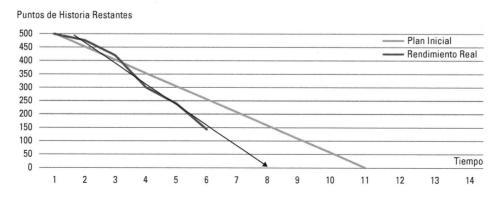

Por lo tanto, si el Backlog de Producto no sufre muchos cambios, el proyecto se completará en ocho Sprints (estamos al final del sexto Sprint en este momento).

Fíjese que todas las evaluaciones se basan en:

- El número total de Puntos de Historia o el *tamaño* de los elementos y no en el *número* de elementos porque los distintos elementos del Backlog de Producto necesitan una cantidad de esfuerzo distinta para cada una y no es correcto contarlos como equitativos.
- Los elementos Terminados porque no se tienen en cuenta los Puntos de Historia de los elementos que están *casi terminados* pero no Terminados. 99% progreso es 0% Terminado.

Barras Burn-down

La cantidad de trabajo restante depende tanto de los elementos que hemos terminado como de los cambios que hayamos hecho en el Backlog de Producto. Si intentamos mostrar un gráfico de avance Burn-down sencillo, puede que suba, en vez de bajar, para un Sprint determinado en el que hayamos añadido muchos elementos nuevos al Backlog de Producto. Esto no está "mal", pero no reflejaría el rendimiento real adecuadamente.

Se puede pensar en muchas maneras de visualizar los cambios al Backlog de Producto junto al rendimiento real, y uno de ellos es usando un tipo de gráfico que se llaman *barras burn-down* (Burn-down bars):

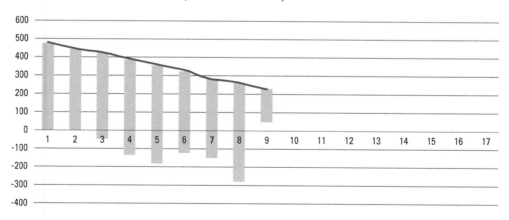

La línea muestra el rendimiento real, y cada barra muestra la cantidad de trabajo restante en ese momento.

La parte de arriba de las barras solo cambian en función del volumen de elementos Terminados; por lo tanto, la línea solo baja. Cuando se añaden o eliminan elementos en el Backlog de Producto, se aplicará a la parte de abajo de las barras.

El siguiente gráfico muestra un cálculo sencillo de la fecha de finalización:

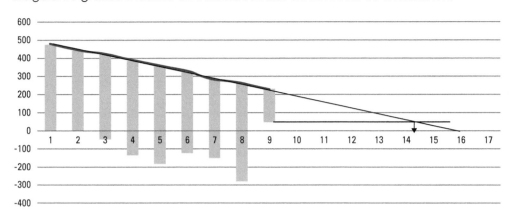

Por lo tanto, suponiendo que ya no habrá muchos cambios en el Backlog de Producto, el proyecto es probable que se complete dentro de unos 15 Sprints.

Burn-up Charts

Cualquier tipo de diagrama que muestre la cantidad de elementos Terminados en vez de la cantidad de trabajo restante, se puede llamar un *burn-up chart*, porque la línea o la barra que muestra el rendimiento va hacia arriba (up en inglés) a medida que se trabaja.

Este gráfico es una muestra de un burn-up chart: La línea azul muestra el volumen total de historias definidas en el Backlog de Producto hasta el momento. La línea negra muestra el volumen de historias Terminadas.

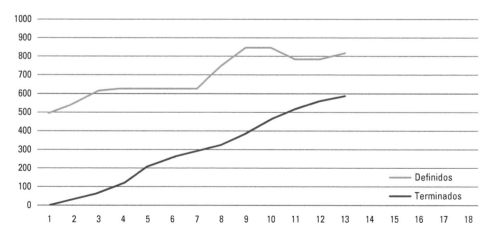

Tal y como se puede apreciar, la línea azul muestra claramente los cambios en el Backlog de Producto.

Un cálculo sencillo de la fecha de finalización se puede hacer de la siguiente manera:

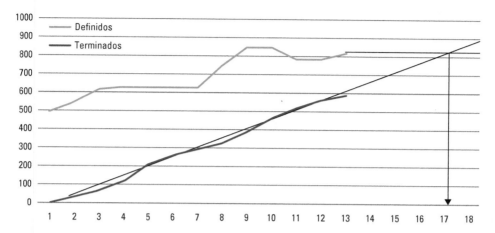

Este cálculo se basa en el supuesto de que el volumen de historias restantes en el Backlog de Producto no variará mucho.

Diagrama de Flujo Acumulado
El siguiente gráfico muestra un *diagrama de flujo acumulado*:

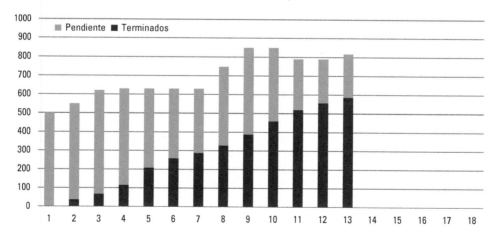

Esta es una buena manera de mostrar los cambios que sufre el Backlog de Producto a la par que el progreso del proyecto. Como se puede apreciar, es un gráfico burn-up en vez de un gráfico burn-down, que es más habitual. De hecho, este gráfico es exactamente igual al diagrama de línea anterior, ¡pero convertido en barras!
Igual que en los ejemplos anteriores, para hacer un cálculo sencillo de la fecha de finalización, podemos usar los últimos valores del backlog, tal y como muestra el gráfico siguiente:

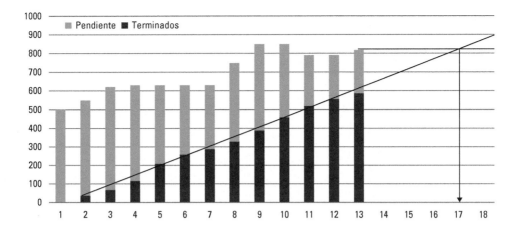

Por el contrario, si sabemos que habrá cambios en el Backlog de Producto, podemos tenerlo en cuenta:

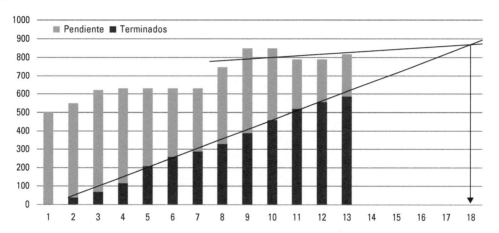

Tal y como se aprecia en el gráfico anterior, no hemos incluido los primeros Sprints al dibujar la línea de tendencia del Backlog de Producto porque siempre hay muchos cambios en los primeros (que no se suelen experimentar en el resto de Sprints). Sin embargo, la forma de calcularlo depende completamente del criterio del Dueño del Producto (Product Owner). Y, finalmente, recuerde que el resultado siempre es tan solo orientativo, y que el Dueño del Producto (Product Owner) no lo debe limitar solamente a un cálculo matemático.

Calendario Niko-Niko

No todos los radiadores de información nos hablan del rendimiento del producto; también pueden cubrir otros aspectos, como la calidad e incluso el estado de ánimo y la moral del equipo. Para esto último, se pueden usar los Calendarios Niko-Niko.

	01/06	02/06	03/06	04/06	05/06	06/06	07/06	08/06	09/06	10/06	11/06	12/06	13/06
Tom	☺	☺	☺			☹	☺	☹	☹				
Dick	☺	☹	☺			☺	☺	☺	☹				
Harry	☹	☺	☺			☺	☹	☹	☹				

Es cualquier tipo de calendario en el cual los miembros del equipo expresan su estado de ánimo dibujando o pegando un emoticono al final de cada día.

El Scrum Master puede utilizar esta información para investigar las causas de problemas potenciales o la puede utilizar el Equipo Scrum entero en la Retrospectiva del Sprint para planificar mejoras.

> ■ Para su examen, debe saber lo que es un "radiador de información" así como el nombre de todos los tipos de gráficos descritos aquí.

■ SCRUM ESCALADO

El tamaño del Equipo de Desarrollo que define Scrum es de entre 3 y 9 personas. Algunos proyectos puede que necesiten más desarrolladores, en cuyo caso, necesitarán trabajar en varios equipos, y esto se llamaría Scrum Escalado.

Hay distintas formas de crear las escalas para el marco Scrum, cada uno con sus ventajas y desventajas. Incluso, hay personas que creen que Scrum no se debe hacer de forma escalada y que las metodologías Agile en general, y Scrum en particular, se han creado, y solo son aptas, para proyectos pequeños.

Estas son algunas opciones a la hora de escalarlo:

- Sin-nombre! Hay una idea de cómo escalar Scrum que existe desde hace mucho tiempo que no tiene un nombre realmente ni un enfoque claro. Se ha descrito de forma implícita en distintos medios, e incluso Scrum.org opina sobre ello. Este enfoque es el que tendrá en el examen.
- Nexus™: Este es un enfoque relativamente nuevo para Scrum.org con un marco claramente definido y compatible, probablemente al máximo, con Scrum. Se puede descargar la Guía Nexus de la web de Scrum.org.
- Scrum@Scale™: Este es otro nuevo enfoque de ScrumInc.com con una guía disponible al público. Puede considerarse una aclaración del enfoque "sin-nombre".

LeSS™: Esta es una metodología más sofisticada y, sin embargo ligera, para crear escalas y tiene tendencia a cubrir el aspecto de gestión del programa.

SAFe™: Esta es una metodología complicada preferida por muchas grandes organizaciones (por ejemplo, bancos) que no es del todo compatible con Scrum ni siquiera con el concepto Agile en sí, según muchos expertos, pero que satisface los deseos desfasados de los ejecutivos.

Así que, ¡veamos brevemente la metodología "sin-nombre" con todas sus ambigüedades!

Roles

Hay varios equipos trabajando sobre el mismo producto, lo cual obviamente significa que hay varios Equipos de Desarrollo. ¿Qué ocurre con los otros dos roles?

El rol de Scrum Master es sencillo; existe uno para cada equipo. Como el rol de Scrum Master no necesita ser a tiempo completo, una persona puede ser el Scrum Master de varios equipos. Sin embargo, cada equipo tiene un solo Scrum Master, ni uno más.

¿Y qué hay del Dueño del Producto (Product Owner)?

¡Aquí es donde empiezan los problemas!

Scrum.org cree que solo debe haber un Dueño del Producto (Product Owner) para que la responsabilidad de ordenar y asegurar que el valor se maximiza esté clara. A ojos de Scrum.org, tener más de un Dueño del Producto (Product Owner) es un gran pecado.

Sin embargo, los demás, en su mayoría, consideran que puede haber un rol de Dueño del Producto (Product Owner) para cada equipo y un Dueño del Producto Principal (Chief Product Owner) para todos ellos. Esto no es tan sencillo como la forma de Scrum.org de tener un solo Dueño del Producto (Product Owner) a la hora de ordenar, refinar y explicar los elementos del Backlog de Producto pero soluciona otros problemas; por ejemplo, puede que una sola persona no sea suficiente para ser el Dueño del Producto (Product Owner) de un proyecto muy grande con muchos equipos.

Para el examen, el enfoque que se espera es el de múltiples Dueños de Producto (Product Owners).

Y, de nuevo, ya que el rol de Dueño del Producto (Product Owner) no es necesariamente a tiempo completo, una persona puede ser el Dueño del Producto (Product Owner) de varios equipos. Cada equipo, sin embargo, debe tener solo un Dueño del Producto (Product Owner).

Por lo tanto, cuando aceptamos tener un Dueño del Producto Principal (Chief Product Owner) para coordinar múltiples Dueños de Producto (Product Owners), también podemos considerar un Scrum Master Principal que coordine los Scrum Masters locales. Puede que no sea tan necesario como el Dueño de Producto Principal (Chief Product Owner) y los múltiples Dueños de Producto (Product Owners) pero suena bien y probablemente no perjudique a nadie.

Ahora, ¿Cómo formaríamos los equipos y distribuiríamos el trabajo? Veamos cuáles de las dos siguientes opciones es mejor en su opinión:

1. Equipos por componentes: cada equipo trabaja sobre un componente determinado del producto (base de datos, interfaz del usuario, etc.)
2. Equipos por funcionalidades: cada equipo trabaja ciertas funcionalidades de principio a fin, independientemente de los demás.

Creo que la respuesta es sencilla; al fin y al cabo, los equipos Agile deben ser multifuncionales. La opción preferida es por funcionalidades porque, en este caso, cada elemento del Backlog de Producto se puede asignar a un equipo sin necesidad de esperar a que otros completen su parte del trabajo.

A veces, se empieza con uno o pocos equipos, y luego se expanden en múltiples equipos, especialmente cuando los miembros del equipo no tienen mucha experiencia de Scrum. Por lo tanto, adquirirán algo de experiencia trabajando en un equipo que sabe lo que hacer antes de dividirse y formar un nuevo equipo con una de las siguientes opciones:

- Split-and-Seed (Divide y Siembra): el o los equipo(s) original(es) se dividen en múltiples equipos, y se añaden nuevos miembros para que los nuevos equipos sean multifuncionales y fuertes de nuevo. Lo positivo de este modelo es que el conocimiento del proyecto se reparte entre todos los equipos. El aspecto negativo es que ya no se conserva el equipo original, pese que hayamos podido invertir mucho esfuerzo en construirlo.
- Grow-and-Split (Crece y Divide): en este caso, se añaden nuevos miembros a los equipos existentes hasta que llegan a su capacidad máxima. Entonces, se divide cada equipo en dos.

Los modelos 'Split-and-Seed' y 'Grow-and-Split' también son útiles para distribuir el marco dentro de la organización y así poder adoptarlo (para múltiples proyectos). Podemos empezar a probar Scrum en un proyecto piloto, y cuando el equipo se haga experto en la forma de trabajar de Agile, podemos dividirlos y crear más equipos y cubrir más proyectos usando el marco Agile.

- Puede que haya preguntas básicas acerca de la división de equipos en el examen.

Artefactos

No importa cuántos Dueños de Producto (Product Owners) se tengan, cuando se trata de un proyecto, que es un producto, se debe tener un solo Backlog de Producto. De lo contrario, sería muy difícil ordenar los elementos correctamente.

Así que, un solo Backlog de Producto en Scrum Escalado. Y, ¿qué hay de los Backlogs del Sprint?

Claramente, cada equipo necesita tener su Backlog del Sprint propio.

Con respecto a la Definición de Terminado (Definition of Done DoD), tal y como comentamos anteriormente, puede haber muchas Definiciones de Terminado siempre y cuando sean compatibles y capaces de crear Incrementos integrados. Pero, para su examen, suponga que solo debe haber una Definición de Terminado.

¿La monitorización de la ejecución del Sprint? Separadamente para cada equipo.

¿La monitorización de la ejecución del proyecto y de las entregas? Obviamente, a nivel del proyecto entero, no separadamente.

Eventos

Planificación del Sprint

Puede que la Planificación del Sprint se complique un poco con Scrum Escalado. Como debemos ser compatibles con Scrum, o al menos, todo lo compatible que se pueda, deben ser los desarrolladores que seleccionen los elementos del Backlog de Producto, no el (los) Dueño(s) del Producto ni el (los) Scrum Master(s). Por lo tanto, se nos ocurren dos opciones:

1. Todos los desarrolladores se reúnen, seleccionan los elementos y crean sus propios Backlogs del Sprint. Esto conlleva una posibilidad muy grande de crear el caos; ¡por lo que los Scrum Masters deben esforzarse al máximo para facilitar esta super reunión!
2. Representantes de cada equipo se reúnen y seleccionan elementos del Backlog de Producto. Esto es más fácil de gestionar pero se involucrarán mucho menos los miembros del equipo y nunca tenemos la certeza de que el representante decidirá de forma acertada para el equipo entero.

Así que, ¿cuál debemos de utilizar?

No hay consenso universal sobre este tema.

Scrums Diarios

Cada equipo tendrá su Scrum Diario para sincronizar el equipo internamente. Luego, de una manera u otra, un representante de cada equipo (preferiblemente uno de los desarrolladores, no el Scrum Master) irá a una reunión con el objetivo de sincronizar a los equipos entre ellos. Esta reunión se puede llamar el Scrum de Scrums.

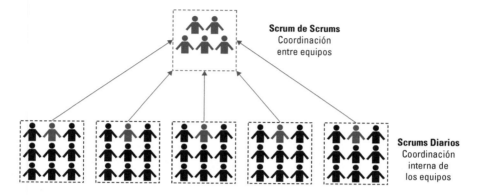

Es habitual que los miembros de los equipos contesten tres preguntas clásicas durante el Scrum Diario. Si quiere, puede usar el mismo formato para el Scrum de Scrums, en cuyo caso, añadiría una cuarta pregunta: "¿Se le va a obstaculizar el camino a otro equipo?"

Hay personas que piensan en el Scrum de Scrums como un equipo virtual de equipos, y por lo tanto, limita el número de equipos a 9, de la misma forma que un equipo Scrum normal tiene un máximo de 9 miembros. En ese caso, si desea tener más equipos, tendría múltiples equipos de Scrum de Scrums, y una reunión que sería un ¡Scrum de Scrums de Scrums!

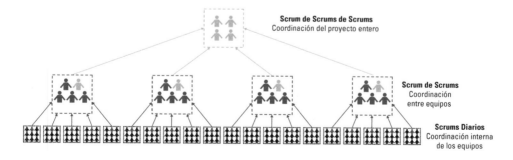

Puede que esto sea demasiado complejo; probablemente no importaría si tuviera reuniones Scrum de Scrums más multitudinarias en vez de muchas capas como estas.

■ Debe saber lo que es Scrum de Scrums para el examen.

Revisiones del Sprint

Esto realmente depende del marco exacto que vaya a usar, y es difícil cubrirla con el enfoque "sin-nombre". Pero la idea general es algo así: hay una sala grande con todos los equipos y los representantes del cliente. Cada equipo tiene un cubículo, y los distintos representantes de clientes van andando por la sala revisando las funcionalidades que han añadido al Incremento integrado.

Esto, obviamente, en el supuesto de que los equipos sincronicen sus Sprints, que ¡según algunos no es necesario!

La Retrospectiva del Sprint

Esto también depende del marco exacto que se vaya a utilizar. La solución sería similar a una de estas:

- Reunir a todos en una sola reunión de retrospectiva para trabajar conjuntamente y encontrar maneras de mejorar.
- Tener retrospectivas locales para los equipos, y luego tener una reunión para los representantes de los equipos.

3. PROGRAMACIÓN EXTREMA (XP)

Scrum es Agile,

pero Agile no es Scrum.

Dicho de otro modo, Scrum no es el único marco/ metodología de Agile. Una de las metodologías que es muy práctica y potente y que, lamentablemente, ya no goza de tanta popularidad como Scrum, es la Programación eXtrema, o XP en su abreviación.

Vamos a revisar algunos aspectos de XP en este capítulo, ya que es una gran fuente de prácticas Agile que también se pueden utilizar en otros sistemas Agile como puede ser Scrum.

Repasaremos la *rutina diaria* en XP. Sin embargo, tenga en cuenta que el contenido de XP en este libro está simplificado en muchos aspectos y hay partes que se parecen más a posibles interpretaciones de XP o una versión a medida, que a la idea abstracta y universal. Es así para ayudarnos con el objetivo de este libro que es el aprendizaje inicial.

Así que, pongamos que trabaja en un equipo de XP. Empieza la jornada, han llegado todos a trabajar. Comencemos con la rutina diaria.

■ 1. PROGRAMACIÓN EN PAREJA

Lo primero que se hace por la mañana es ¡buscar pareja! Sí, los desarrolladores trabajan por pares en XP. Así es como funciona: las dos personas se sientan una al lado de la otra, detrás de un ordenador. Una persona codifica y la otra observa y comenta. Cada tanto (por ejemplo, cada 30 minutos), se cambian el sitio.

Esto se llama *Programación en Pareja* y es una de las *prácticas* de XP.

La Programación en Pareja puede parecer extraña, y muchos directores consideran que es desperdiciar recursos. Sin embargo, tiene una justificación económica porque:

- Aumenta la calidad del trabajo, lo cual evita tener que trabajarlo de nuevo en el futuro lo que, a su vez, consume tiempo y recursos.
- Ayuda a aumentar el conocimiento de los desarrolladores.
- Ayuda a incrementar el factor autobús del equipo.
- Es una actividad que fomenta el espíritu de equipo constantemente.

Así que, ¿qué es el factor autobús?

Imagine que uno de los miembros del equipo deja el edificio y, lamentablemente, es atropellado por un autobús y fallece. Si hay una sola persona en el proyecto y esa persona fallece (o deja la empresa o enferma o…) ya no puede seguir trabajando nadie en el proyecto porque no están lo suficientemente familiarizados con algunos aspectos del proyecto. En ese caso, diríamos que el factor autobús del proyecto es uno. Si es necesario que fallezcan dos personas para que el equipo de proyectos deje de funcionar, el factor autobús sería dos; y así, sucesivamente. Puede entender cómo la Programación por Pareja incrementa el factor autobús.

Así que utilizamos la Programación por Pareja en XP. Por lo tanto, lo primero que hacemos cada día es emparejarnos; preferiblemente formando parejas nuevas, no la misma una y otra vez.

- Debe saber lo que es la Programación por Pareja para el examen.

■ 2. ASIGNACIÓN

Después de emparejarse, la pareja se acerca al tablero del proyecto, que contiene elementos similares a los de los backlogs de Scrum y selecciona uno de los elementos de alta prioridad compatible con su conocimiento.

Recuerde que nadie les asigna el trabajo a los desarrolladores; les corresponde a ellos hacerlo. Además, aunque una pareja de desarrolladores se haga cargo del elemento, el elemento sigue siendo responsabilidad de todo el equipo. Esta es otra práctica de XP que se llama *Collective Code Ownership (Propiedad Colectiva del Código)*. Una consecuencia de este principio es que nadie puede reclamar que esta o aquella parte del código es suya, y que nadie más puede cambiarlo.

Ocurre lo mismo en Scrum y en otras metodologías Agile. Un malentendido habitual en muchas empresas es que sus Scrum Masters o los Dueños de Producto (Product

Owners) llegan al equipo y asignan trabajo a los desarrolladores. Esto va en contra de la autoorganización.

Así que la pareja ha seleccionado un elemento del tablero. ¿Ahora qué?

■ 3. DISEÑO

Después de seleccionar el elemento, la pareja se sitúa delante de una pizarra y comienza a trabajar en el diseño del elemento.

Otra práctica XP es el *Diseño Simple*, y el diseño que espera XP es uno que cumpla con lo siguiente:
- Realiza todas las pruebas
- No contiene códigos duplicados
- Enuncia claramente la intención del programador para todo el código
- Contiene el menor número de clases y métodos posibles

Adicionalmente, no es un diseño por adelantado al principio del proyecto, se hace cuando se va a desarrollar elemento.

Como verá, XP es mucho más técnico que Scrum.
Así que, ¿empezamos ya con la programación?

■ 4. ESCRIBIR LA PRUEBA

Otra práctica XP es el Test-Driven Development -TDD (Desarrollo guiado por pruebas), que también se conoce como Test-First Development (escribir las pruebas primero). Con este enfoque, primero se crea la prueba, que debe ser una prueba que falla en este punto, y luego se escribe el código necesario para pasar la prueba.

TDD tiene muchas ventajas, como son:
1. Siempre se tiene un conjunto completo de pruebas para todo el sistema así que, cuando añade una funcionalidad nueva, puede realizar las pruebas y asegurarse de que el sistema integrado funciona bien y que no hay nada dañado en el código anterior. Otra práctica XP es la *Integración Continua* en la que el nuevo código se integra de manera continua al antiguo. Es evidente cómo contribuye el TDD a la integración continua.
2. Mantiene a todos centrados en el problema que van a resolver, en vez de la solución.

Por otra parte, se requiere disciplina y una visión a largo plazo del proyecto. Al principio, es mucho más rápido trabajar sin TDD; pero, a la larga, TDD probablemente sea más rápido y dé lugar a una solución más sostenible y de mayor calidad.

Una manera de formular el Desarrollo guiado por pruebas - TDD es siguiendo las siguientes normas[1]:

- No está permitido que escribas código para producción a menos que sea para hacer pasar un test que falla.
- No está permitido que escribas más de un test que falle; y los fallos de compilación son fallos.
- No está permitido que escribas más código para producción que el que sea suficiente para pasar un test que falla.

> - Debe saber lo que es el Desarrollo guiado por pruebas (TDD) y la Integración Continua para el examen.

5. CODIFICACIÓN

Finalmente, los dos desarrolladores escribirán el código, usando Programación en Pareja. Mientras lo hacen, deben acordarse de la práctica de los *Estándares de Codificación*. Sí, XP está llena de "prácticas".

La práctica de los estándares de codificación dice que debe haber una forma estándar de codificar (por ejemplo, nomenclatura acordada) que hace que sea uniforme y fácilmente comprensible para todos los desarrolladores.
Ahora, si quiere seguir las tres normas sugeridas de TDD, tendrá que iterar entre los pasos 4 y 5 varias veces en vez de crear la prueba entera a la primera y luego crear el código principal.

Cuando haya acabado la codificación y la funcionalidad funcione bien, se continua con el paso siguiente.

6. REFACTORIZACIÓN

Es hora de otra práctica XP: la *refactorización*.

Refactorizar es mejorar el código sin cambiar su comportamiento.

---

1 Estas tres normas son de Robert Martin

En este punto, ha acabado el código y funciona. Sin embargo, lo refactoriza: repasa el código y ve cómo lo puede simplificar y mejorar su estructura. ¿Ve la conexión con la práctica del Diseño Simple?

¿Cómo puede estar seguro de que no está dañando nada mientras refactoriza?

Es muy sencillo: usa TDD y tiene un conjunto completo de pruebas automáticas que puede realizar después de hacer cualquier cambio para asegurarse de que no se ha roto nada.

Cuando no refactoriza, añadir funcionalidades se va haciendo cada vez más difícil y, tarde o temprano, tendrá que hacer algo al respecto. Cuánto más tarde lo haga, más esfuerzo tendrá que invertir, y por eso queremos refactorizar continuamente. Es como una *deuda* que, en última instancia, tendrá que pagar y ¡tiene una tasa de interés alta! Esta deuda se llama *deuda técnica*.

- Tanto la refactorización como la deuda técnica pueden salir en el examen.

■ 7. INTEGRACIÓN

He mencionado la integración continua varias veces en el libro pero no he explicado lo que es porque parece obvio. Es otra práctica, y ahora es el momento de integrar el nuevo código y realizar TODAS las pruebas, las antiguas y las nuevas. ¿Ha roto algo en las funcionalidades antiguas? Entonces, lo tendrá que arreglar ajustando el código nuevo o el viejo. Los últimos en integrar algo son los responsables de corregir cualquier problema que pueda darse en el código entero.

Si no se puede arreglar antes del final de la jornada, se descartarán los cambios y se continua al día siguiente. Si funciona, se sigue.

- La Integración Continua es un concepto importante para su examen.

■ 8. ¡VETE A CASA!

XP antes tenía una práctica que se llamaba la *semana laboral de 40 horas*, que está en contra de las horas extras. Sin embargo, hay países/ empresas donde las horas laborales son incluso menos que cuarenta, por lo que nos podemos referir a ello con el nombre más moderno de *Ritmo Constante*.

En cualquier caso, lo importante es que tiene que trabajar un horario concreto como podría ser de 9 a 5; pero no lo extienda más allá de las 5. Si ha acabado para las 5, genial. Si no, descarte los cambios y continúe al día siguiente.

Esta práctica aumenta la calidad de vida y, en consecuencia, la calidad del producto.

■ REUNIÓN DIARIA

Los pasos anteriores eran secuenciales, pero también tenemos algunos elementos de la rutina diaria que no son secuenciales. El primero es la Reunión Diaria (Daily Standup, en inglés).

Es una reunión de unos 10 - 15 minutos para que los desarrolladores se vean y se sincronicen. Se hace de pie para asegurarnos de que se hace rápido. Los desarrolladores probablemente respondan a las tres preguntas estándares que mencionamos en el capítulo de Scrum.

¿Cómo se llamaba la reunión similar en Scrum?

> ■ Puede que haya preguntas acerca de la Reunión Diaria (Daily Standup) y sus tres preguntas en el examen.

■ TRACKING

El otro elemento de la rutina diaria es el de monitorizar el rendimiento. Uno de los desarrolladores tiene el rol de Tracker y es responsable de esta monitorización, que probablemente requiera la colaboración de otros desarrolladores también.
Es buena idea ir cambiando a menudo la persona asignada al rol de Tracker.

■ GESTIÓN DE RIESGOS

Otro rol es el de Doomsayer (Agorero). Esta persona anima a todos a que consideren los riesgos y los problemas. Entonces, el equipo entero colabora para ver cómo se pueden gestionar esos riesgos o problemas.

■ SPIKING

Spiking es un concepto habitual en Agile que se refiere a cualquier tipo de investigación o de establecimiento de prototipos que puedan ayudar con el desarrollo futuro.

El significado exacto de spiking en XP es un poco distinto. Como recordará, en XP se crea una forma muy disciplinada de trabajar usando el TDD, la Integración Continua y algunas otras prácticas. Esta forma de trabajar es genial para el desarrollo real pero no para probar ideas.

Así que a veces, uno "hace un spike" en vez de trabajar realmente. Durante un Spike, sencillamente se escribe un código, sin seguir ni TDD ni los estándares de codificación ni nada. Se escribe un código rápido y guarro con el objetivo de probar una idea o tecnología. La regla es que ¡no se debe conservar este código! Cuando se haya acabado con el código y se haya aprendido lo que se buscaba aprender, se borra el código y vuelta al trabajo usando la manera estándar de trabajar.

■ ¡Spike/ Spiking son conceptos populares para el examen!

4. DSDM®

¿Agile permite Project managers?

Muchas personas dicen que no porque Agile es igual a Scrum para ellos. Scrum no permite Project managers, pero eso es Scrum y no tiene que ser igual en cada metodología. DSDM (siglas en inglés de Metodología de Desarrollo de Sistemas Dinámicos) es otra metodología Agile, tan antigua como Scrum y XP, que tiene project manager, un proceso sofisticado y muchos artefactos. A diferencia de Scrum, que se crea primordialmente para proyectos pequeños con un solo equipo, DSDM da soporte a múltiples equipos y es apto para proyectos más grandes por defecto.

En este capítulo, vamos a revisar algunos aspectos de DSDM que le ayudarán a entender hasta dónde llegan las posibilidades de Agile.

■ RESTRICCIONES DEL PROYECTO

¿Conoce el triángulo de las restricciones del proyecto clásico?

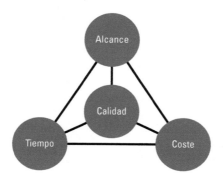

El alcance del proyecto, el tiempo, el coste y la calidad son los parámetros primordiales en proyectos, y se muestran así por la relación que tienen entre ellos:

para cambiar uno, normalmente tiene que cambiar al menos una variable más para equilibrar el triángulo. Por ejemplo, para entregar antes un proyecto, puede que tenga que gastar más dinero o eliminar algunos elementos del alcance definido del proyecto o rebajar la calidad, o cualquier combinación de estos factores.

En la mayoría de los proyectos, al menos uno de los elementos es fijo, y habitualmente es el alcance. El tiempo, el coste y la calidad tienen objetivos pero normalmente, no son fijos. Tomemos un proyecto de construcción por ejemplo: ¿qué ocurre si va retrasado? ¿Diría que el tiempo está fijado y tiene que entregar el proyecto sin ventanas ni instalaciones, o se extiende el plazo y se completa el alcance que habían definido? La naturaleza de este proyecto determina que hay un ámbito fijo, al menos, dentro del ámbito, habrá una parte fija.

Ahora digamos que construye un complejo para los Juegos Olímpicos. ¿Ve cuáles serían las restricciones de este proyecto?

El tiempo es absolutamente inamovible. Por el tipo de proyecto, el alcance está casi completamente fijado (por lo menos, parcialmente). No quiere perjudicar la calidad porque eso dañaría la reputación de su país. ¿Qué queda? Solo el coste. Así que si quiere fijar el alcance, la calidad y el tiempo, tiene que ser realmente dinámico con el coste. Sencillamente, no se pueden fijar todas las restricciones.

DSDM cree que la manera tradicional de fijar el alcance de un proyecto no es efectiva porque:
- Hace que el proyecto se entregue más tarde. Esto no conviene porque los productos de software tienen una vida muy corta y, cuando se retrasa la entrega, tienen una vida más corta en producción y generan menos beneficio.
- Hace que todos añadan demasiadas funcionalidades innecesarias al producto que nunca se utilizarán, y estos aumentan el coste del proyecto, así como los costes de mantenimiento.

Así que lo que utiliza DSDM es el enfoque siguiente frente al enfoque tradicional:

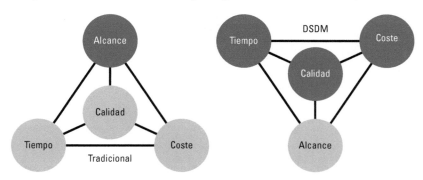

Fija el tiempo, el coste y la calidad y mantiene el alcance dinámico.

Esto no se distingue de otras metodologías Agile, como Scrum, a la hora de mantener dinámico el alcance. Sin embargo, la diferencia está en fijar el tiempo (y, por lo tanto, el coste). ¡En DSDM, el proyecto entero está limitado a un plazo (timeboxed) para asegurarse de que no gastemos demasiado tiempo en el proyecto!

Un proyecto Scrum típico, por el contrario, sigue hasta que decidamos pararlo en base al valor generado. Esto puede que nos haga pasar demasiado tiempo en el proyecto en vez de proseguir y trabajar en otros proyectos.

Un proyecto DSDM se acaba exactamente en plazo, ni un día más tarde, (concepto timeboxing), y entregamos lo máximo posible dentro de este plazo. Después, si se decide, se puede empezar otro proyecto DSDM con una duración limitada (timeboxed) para añadir más funcionalidades al mismo producto. En este sentido, DSDM no le obliga a dejar de trabajar en el producto pero le obliga a hacer una pausa y verlo como una decisión importante.

Así pues, digamos que tiene un cliente externo y que tiene que decidir sobre el timebox- la duración limitada - del proyecto (y el coste). ¿Cómo lo haría?

■ PLANIFICACIÓN POR ADELANTADO

¿Agile permite la planificación por adelantado?

La respuesta es … ¡Sí! Lo que no debemos tener por adelantado es un plan *detallado* porque obstaculiza la adaptación.

Se nos ocurren dos enfoques:
- Ningún plan por adelantado: simplemente seguimos con el proyecto y dejamos que el alcance surja durante el proyecto. Este es el enfoque por defecto de Scrum.
- Un plan por adelantado apto (a alto nivel): este es el enfoque DSDM en el que creamos un plan general por adelantado y usamos la adaptación para crear los detalles de cada funcionalidad. Por ejemplo, decidimos de antemano que necesitamos un sistema de CRM (Customer Relationship Management- Gestión de Atención al Cliente) en nuestra web. Pero ¿qué funcionalidades vamos a tener en el sistema CRM? ¿Cómo de avanzado y sofisticado necesita ser? Eso es lo que dejaremos que surja durante el proyecto con nuestro enfoque Adaptativo.

Como es de imaginar, el planteamiento de DSDM con respecto a las restricciones de proyectos hace que sea necesario preparar un plan general de antemano y que después se use como base para fijar la duración y el coste del proyecto.

Digamos que tenemos el plan general; ¿cómo podemos fijar el plazo y el coste cuando no conocemos los detalles?

■ PRIORIZACIÓN MOSCOW

La técnica de priorización MoSCoW® es una gran técnica para la gestión del ámbito de un proyecto y una parte esencial de DSDM. Su uso ni siquiera se limita a las metodologías Agile. Los métodos genéricos como PRINCE2® también lo utilizan.

MoSCoW es la combinación de las primeras letras de Must- Have (Necesita tener), Should- Have (Debería tener), Could-Have (Podría tener) y Won't-Have-This-Time (No tendrá esta vez). Con esta técnica, asignamos una de esas iniciales a cada funcionalidad en base a las siguientes definiciones:

- **M** (Must Have) – es una funcionalidad que tiene que estar en el producto final, y que, de no tenerla, haría que el producto final fuese *inútil*. Por ejemplo, los frenos en un coche.
- **S** (Should Have) – es una funcionalidad muy importante para el producto final, y sin la cual tendremos problemas. Sin embargo, podemos encontrar una solución alternativa (otra solución en paralelo, hacerlo manualmente, etc.) y usar nuestro resultado aunque le falte esta funcionalidad. Por ejemplo, el aire acondicionado en un coche.
- **C** (Could Have) – es una funcionalidad muy útil que nos encantaría tener en nuestra solución, pero que, para ser sinceros, tampoco sería un problema no tenerla. Por ejemplo, la cámara de visión trasera de un coche, que puede ayudarnos a dar marcha atrás.
- **W** (Won't Have This Time) - es una funcionalidad buena pero en la que no vamos a invertir ahora mismo. Puede que en el futuro sí. Por ejemplo, el control online del estado mecánico de un coche.

Cuando asignamos estas prioridades de forma realista, sabemos que lo mínimo que necesitamos para un producto aceptable es una solución que contenga todas las funcionalidades M. El producto esperado será el que contenga todas las historias de usuarios de M y S. El producto ideal es uno que contenga todas las historias de usuario de M, S y C.

La técnica de priorización MoSCoW es una manera genial de centrarnos en el valor de negocio: centrándonos en la necesidad real del cliente en vez de las funcionalidades más accesorias (los elementos Could Have).

Ahora, volviendo al tema de fijar la duración y el coste de un proyecto en base a un plan genérico inicial, les asignamos prioridades MoSCoW a todas las funcionalidades. Luego, tenemos que pensar en una duración que sea suficiente como para desarrollar todos los elementos Must Have con unas estimaciones pesimistas, pero lo suficientemente corta como para desarrollar todo el proyecto dentro de una estimación optimista. Esta sería la duración – el timebox - del proyecto.

La regla dice que los elementos Must Have no deben superar el 60% de todos los elementos, y los Could Have deben constituir al menos el 20%. Esto contribuye a la lógica que respalda a la metodología.

Por supuesto, que conlleva muchos problemas prácticos cumplir con ella pero ese es otro tema para otro momento (¡otro libro!)

- Puede que su examen incluya preguntas muy básicas sobre la técnica de priorización MoSCoW.

■ EXCEPCIONES

¿Cómo mediría el progreso de un proyecto DSDM?

Una forma importante de medir el progreso de muchos proyectos es la predicción de la fecha de finalización y el coste pero estos son fijos en DSDM.

Como es de imaginar, lo que hacemos es predecir aquellas restricciones del proyecto que sean dinámicas, que en el caso del DSDM, es el alcance del proyecto. Haremos una predicción de qué elementos podremos entregar para final del proyecto y si en algún momento, predecimos que no podemos entregar todos los elementos Must Have para el final del proyecto, tendremos una *excepción*: se informaría del problema a los niveles más altos de dirección para contemplar alternativas y tomar una decisión.

Es posible que los practicantes más estrictos de Scrum no estén familiarizados con el concepto de informar a dirección para que tomen una decisión. En su opinión, ¿es contraria a la autoorganización del equipo?

■ AUTOORGANIZACIÓN

Algunas de las decisiones de DSDM las toman desde el nivel de dirección y no los miembros del equipo. Vimos un ejemplo justo antes de este apartado. Otro ejemplo sería que los elementos que elegimos para los timeboxes (las iteraciones se llaman timeboxes en DSDM) tengan prioridades MoSCoW a nivel local que están relacionadas con las prioridades MoSCoW a nivel proyecto, pero siendo distintas.

Si hay algún problema con un elemento Could Have durante el timebox, serán los miembros del equipo quienes tomarán una decisión pero si se trata de un Should Have o un Must Have, informarán del problema para que decida dirección.

Así que, como verá, la autoridad del equipo es limitada. Mi pregunta era, ¿no es contrario a la autoorganización del equipo?

La cuestión es que ningún equipo Agile tiene poder absoluto. Siempre estará limitado por el método/marco, entre otras cosas. Por ejemplo, un equipo Scrum se autoorganiza pero no puede decidir ampliar sus Sprints porque los Sprints están timeboxed en el marco Scrum. Por lo tanto, la autoorganización es solo una etiqueta relativa que usamos cuando la autoridad del equipo supera cierto nivel. ¿Cuál es ese nivel? No existe una definición para ello.

■ TIPOS DE CONTRATO

La mayoría de los clientes quiere tener contratos de precio fijo porque creen que son más seguros, lo cual no es correcto. ¿Qué opina de tener un contrato de precio fijo para un proyecto Agile?

Pues ya ha visto que los proyectos DSDM tienen una duración y un coste fijos. Así que estaría bien. Sin embargo, el tipo de contrato de precio fijo en DSDM no es exactamente lo que tiene en mente la mayoría. En DSDM, es un contrato de precio fijo y de alcance dinámico, pero lo que la gente suele buscar es un contrato de precio fijo y de un alcance fijo.

Hay clientes que forzarán un contrato de precio fijo y de un alcance fijo basado en una definición muy detallada, por adelantado del alcance del proyecto. Esto, sencillamente, es incompatible con Agile; no deja espacio para la adaptación cuando el alcance se ha definido en detalle. Nunca se podrá arreglar este problema de base, con consideraciones detalladas ni ajustando el enfoque, sin destruir su carácter Adaptativo.

Sin embargo, como muchos proveedores se encuentran con este problema, hay muchos enfoques para gestionar los contratos de precio fijo. Generalmente intentan convertir un contrato de precio fijo real en uno que fije la duración y el material o las unidades, a la vez que conservan el nombre de precio fijo que tiene contento al cliente. Por el camino, puede que se sacrifique cierto nivel de Agile también. Por ejemplo, un enfoque habitual es el de definir los elementos de antemano (no es lo suficientemente Agile), y entonces, cuando el cliente solicita un elemento nuevo, se le pide que lo cambie por uno, o varios elementos existentes, del mismo tamaño.

La mejor opción para la mayoría de los proyectos Agile, como los proyectos Scrum, es fijar el *tiempo y el material*, donde el cliente simplemente paga al proveedor una cantidad determinada por cada hora laborable que se gasta en el proyecto, o cualquier variación de esto mismo, como puede ser una cantidad determinada por cada Sprint, cuando la duración del Sprint y el número de personas involucradas en el proyecto son fijos.

¿Recuerda el Manifiesto Agile? Valoramos la colaboración del cliente por encima de la negociación del contrato. Dicho de otro modo, no importa el tipo de contrato que se tenga, la colaboración del cliente es necesaria a lo largo del proyecto.

Tenga en cuenta que la colaboración del cliente es útil en cualquier tipo de proyecto, pero *necesaria* en Agile; no será Adaptativo si no tenemos acceso suficiente al cliente durante el proyecto. En la práctica, el cliente también es parte del proyecto, trabajando sobre el producto.

5. KANBAN Y SCRUMBAN

■ KANBAN

Kanban es una técnica que ha tenido mucho éxito en el mundo de la producción durante muchos años y que recientemente se ha usado para proyectos de TI. Sin embargo, cuando la gente de TI se refiere a "Kanban", suele referirse a un método de desarrollo que es una combinación de algunos elementos Scrum con la técnica Kanban. Se le puede llamar ScrumBan, aunque ScrumBan también se utiliza para varias cosas. Con independencia de la etiqueta, comencemos echándole un vistazo a la técnica Kanban, y luego veremos el enfoque de desarrollo que se basa en él.

Hay distintas maneras de describir Kanban. Una de ellas es con las siguientes reglas:
1. El trabajo se debe visualizar
2. El trabajo en curso (WIP- Work In Progress) se debe limitar
3. El trabajo se debe arrastrar y no asignar (Pull vs Push)

Veamos qué significan en realidad.

Visualizar
Visualizar es muy útil porque:
■ Crea transparencia y, por lo tanto, mejora la retroalimentación de la información (feedback) y la colaboración
■ Crea más control

Por lo tanto, preparamos un *panel Kanban* y visualizamos los pasos de trabajo y los elementos de trabajo. Los pasos mínimos que necesitamos son *Pendiente, en curso y terminado*. Puede haber más pasos también; por ejemplo, algunas personas plasman su Definición de Terminado en el panel:

Pendiente -	Diseño (2)	Programación (3)	Pruebas (4)	Documentación (3)	Terminado -

En este ejemplo, hay 6 columnas principales:

- Pendiente
- Diseño
- Programación
- Pruebas (Testing)
- Documentación
- Terminado

Limitar el WIP (Trabajo en Curso)

Es habitual escribir el límite del WIP (Work In Progress – Trabajo en Curso) en el panel Kanban como también muestra la imagen anterior. Como ejemplo, ahí se especifica que el límite de WIP o el máximo número de elementos que puede haber en el paso de programación son 3.

Limitar el WIP ayuda a que todos se mantengan centrados en hacer las cosas (es decir, en completarlas de verdad) en vez de tener muchos elementos de trabajo en curso. Sencillamente, esto resulta más productivo.

El límite óptimo de WIP para cada paso normalmente se encuentra por prueba y error.

Pull vs Push (Arrastrar vs Asignar)

Comprueba de nuevo la imagen anterior. Exceptuando la primera y la última columna, cada columna tiene dos sub-columnas: una para los elementos que se están procesando en esa columna, y la segunda para los Terminados en ese paso. Lo importante aquí es que los elementos de ambas columnas se cuentan para el trabajo en curso. Otra cuestión importante es que este es un sistema "pull" y no un sistema "push" que es más habitual. Cuando se completa un paso, no se puede *asignar (push, empujar en inglés)* el trabajo terminado a la siguiente columna y crear capacidad para más trabajo; al contrario, se espera a que la siguiente columna seleccione el trabajo. Por lo tanto, en el ejemplo anterior, todas las columnas están llenas en función del WIP (trabajo en curso) que se han definido, y no se pueden realizar acciones nuevas.

Ahora, digamos que el equipo de documentación ha completado el elemento G, y ocurre esto:

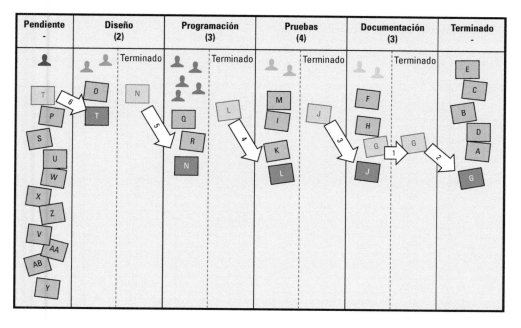

Esto es lo que ocurre en orden:
1. Se completa G. Por lo tanto, pasa a la segunda sub-columna de Documentación.
2. Como Documentación es el último paso, G automáticamente pasará a la columna de Terminado. Tenga en cuenta que si se necesita una aprobación, se debe incluir en la columna existente o, preferiblemente, en una columna separada. No hemos incluido este paso en este ejemplo.
3. Ahora solo quedan dos elementos en la columna de Documentación (F y H); por lo tanto, hay una capacidad libre. Las personas de esta columna pueden "arrastrar" (pull) el elemento J de la columna anterior, ya que estaba marcado como Terminado en Pruebas.

4. Ahora que J ha salido de Pruebas, solo hay tres elementos en la columna de Pruebas (M, I y K), y como el límite de WIP es 4, pueden "arrastrar" el elemento L de la columna anterior, que está como Terminado en Programación.

5. De nuevo, hay un espacio libre en la columna de Programación, por lo que pueden "arrastrar" N, que está como Terminado en Diseño.

6. Ahora los diseñadores también tienen capacidad disponible, por lo que pueden "arrastrar" un elemento nuevo de la columna Pendiente.

Tenga en cuenta que todos los elementos de la columna Pendiente se deben ordenar según el criterio que convenga a nuestro entorno, y debemos mantener este orden a lo largo del proceso. No siempre es posible conservar el mismo orden en cada paso, pero lo intentaremos.

Bien, entonces, este es el estado actual:

Pendiente -	Diseño (2)		Programación (3)		Pruebas (4)		Documentación (3)		Terminado -
P	O	Terminado	Q	Terminado	M	Terminado	F	Terminado	E
S	T		R		I		H		C
U			N		K		J		B
W					L				D
X									A
Z									G
V									
AA									
AB									
Y									

Después de un tiempo, se completan algunos elementos de cada columna y se pasan a la sección de la columna marcada "Terminado":

Ahora, compruebe la imagen anterior y mire qué cambios se pueden hacer. ¿Se puede hacer algún cambio? No. No podemos hacer cambios en el panel en este momento. Después de un tiempo, los diseñadores acaban con el elemento T:

Ahora, ¿qué puede pasar? Los diseñadores ya no tienen nada más que hacer y, basándonos en las reglas Kanban, no pueden "asignar" el trabajo terminado a la columna siguiente. Además, como no tienen capacidad disponible, no pueden buscar un elemento nuevo de la columna Pendiente.

En este caso, los diseñadores pueden moverse a otra columna y ayudar a sus compañeros. ¿A qué columna? El atasco ahora se encuentra en Pruebas.

Lo mismo ocurre con todos los del equipo. Si, por ejemplo, el resto de las columnas están todas completas y sin capacidad disponible, sus miembros deben moverse a la columna de Pruebas también. Incluso la persona de la columna Pendiente, que se puede considerar el Dueño del Producto (Product Owner), también se debe mover a la columna de Pruebas ya que no importa lo que coloque en la columna, no se va a desarrollar de momento.

Por lo tanto, todos trabajan sobre la columna de Pruebas hasta que se complete el primer elemento en esa columna y se haya restablecido la normalidad para el proceso. Entonces, todos vuelven a sus columnas originales y se centran en su especialidad de nuevo.

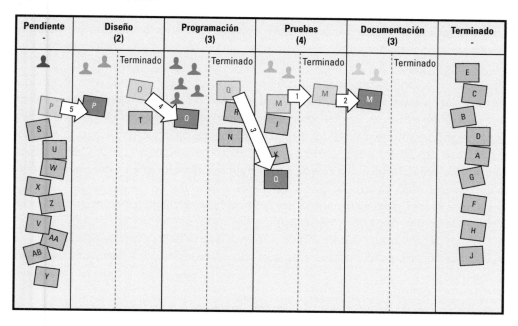

Como verá, las personas se centran en completar el producto en vez de centrarse en sus actividades especializadas, que es lo que ocurre en los sistemas push (de asignación). Este sistema puede ser más efectivo en cuanto a productividad, aunque pueda parecer extraño dejar de trabajar en una columna pudiendo trabajar.

Además, hay a quien le parece inaceptable y poco productivo el hecho de que esperemos que las personas se pasen a otras especialidades en determinadas situaciones para ayudar a sus compañeros. Esto es porque creen que uno debería tener el conocimiento específico para poder hacer la tarea, lo cual es correcto en términos generales, pero insistimos en que incluso personas que no están especializadas en realizar pruebas pueden *ayudar* a los testers aportando nuevas perspectivas.

Fíjese que esta perspectiva es muy cercana a la que tenemos en los entornos de Agile, como Scrum. En Scrum, por ejemplo, todos son responsables de todo, todo pertenece a todos, no tenemos títulos ni roles adicionales, y por lo tanto, es necesario ayudarnos al máximo unos a los otros. Un tester en un entorno Agile no solo es responsable de realizar las pruebas, sino también del producto en su totalidad.

■ SCRUMBUT

Hay muchos malentendidos en torno a Agile. Por ejemplo, muchos piensan que se puede dividir lo que constituiría el alcance de su proyecto Predictivo en partes más pequeñas, desarrollarlas en periodos de tiempo que deciden llamar Sprints y llamarlo Scrum, lo cual es incorrecto. En Agile, se trata de ser Adaptativo y no de adoptar cierta terminología.

Pero ¿cómo podemos ser Adaptativos? Implica muchas consecuencias y requisitos, por eso siempre va a ser mejor usar un marco/ método bien definido que no tener que reinventar la rueda. Cada marco tiene un conjunto de reglas y de capacidades para poder adaptarlo a medida. Esta capacidad de ajustarlo a medida es mínima en el caso de Scrum porque, de por sí, el marco ya es muy ligero. Casi todo es obligatorio en Scrum y no se puede omitir ningún aspecto. ¡Pero hay gente que lo hace! Por ejemplo, dicen:

■ Usamos Scrum, pero no mantenemos fijamos la duración de los Sprints (timeboxes)
■ Usamos Scrum, pero fijamos la duración del Sprint en la Planificación del Sprint
■ Usamos Scrum, pero no permitimos que evolucione el Backlog de Producto.
■ Usamos Scrum, pero no creemos que sea necesario tener Retrospectivas del Sprint

Todos estos casos son ScrumBut ('ScrumPero' en inglés), y no Scrum. La regla es que un ScrumBut no es Scrum. Un ScrumBut no es Scrum porque cuando solo sigues el 95% de las reglas de Scrum, no puedes esperar el 95% de los beneficios, puede que solo del 10 al 20%.

■ SCRUMBAN

Hay situaciones en las que Scrum no parece que sea la mejor solución posible; por ejemplo, cuando se trata del mantenimiento de una solución o de añadir funcionalidades pequeñas a un sistema heredado que está en producción, puede que necesite algo que sea más flexible que Scrum con su enfoque lleno de Sprints, y seguir respondiendo a urgencias. Una solución habitual es ScrumBut, en el que no hay Sprints, más la técnica Kanban. Este método se llama Desarrollo Kanban, ScrumBan u otra cosa.

Aquí lo vamos a llamar el método ScrumBan, aunque el concepto ScrumBan se puede usar de otra manera.

Así pues ScrumBan es algo similar a Scrum pero sin Sprints. Imagine un panel Kanban; la persona de la primera columna, responsable de definir y ordenar los elementos, es el Dueño del Producto (Product Owner). Esta primera columna se puede considerar el Backlog de Producto.

El Equipo de Desarrollo selecciona los elementos de la parte superior de la columna Pendiente cuando tienen disponibilidad, y dejan que fluyan a las siguientes columnas basándose en las reglas Kanban.

Veamos cómo se corresponden los eventos de Scrum con ScrumBan:
■ Reunión de Planificación del Sprint (Sprint Planning): no necesitamos hacerla porque ya no hay Sprints
■ Reunión de Revisión (Revisión del Sprint): sigue siendo necesaria y esencial porque el marco sigue siendo Adaptativo, y necesitamos la información retroalimentativa del cliente. Las reuniones de revisión se mantendrán de la siguiente forma:
  o O bien después de un volumen determinado de trabajo (por ejemplo, después de cada desarrollo de 100 Puntos de Historia),
  o O después de unos intervalos determinados (cada tres semanas). Esta opción funciona mejor por la regularidad.
■ Reunión de Retrospectiva (Retrospectiva del Sprint): sigue siendo necesaria, y se hará después de cada reunión de revisión.
■ Scrum Diario: sigue siendo necesaria y se hace diariamente.

Y este es el estado de los artefactos y de la Definición de Terminado (Definition of Done DoD):
■ Backlog de Producto: exactamente igual que el Backlog de Producto en Scrum. Se visualiza como la columna de Pendiente en el panel Kanban.
■ Backlog del Sprint: ya no la tenemos
■ Incremento: seguimos teniendo la misma definición para incrementos, y son el estado de la última columna justo antes de cada reunión de revisión.
■ Definición de Terminado: exactamente igual que la Definición de Terminado en Scrum.

Hay clientes y Dueños de Producto (Product Owners) que posiblemente prefieran ScrumBan porque parece más flexible y fácil de utilizar. Sin embargo, la productividad normalmente es más baja en este método porque no hay iteraciones seguras y focalizadas. Por lo tanto, debería seguir utilizando Scrum salvo que realmente necesite cambiar a ScrumBan.